FUTURE

FUTURE

FUTURE

FUTURE

ASTEROID

四女神星

神話、心理與占星學中
陰性能量的重現——
穀神星、灶神星、婚神星與智神星

占星權威——Demetra George 迪米特拉‧喬治 & Douglas Bloch 格拉斯‧布洛赫 著

趙珮君、呂卿 譯

GODDESSES

THE MYTHOLOGY, PSYCHOLOGY AND ASTROLOGY OF THE RE-EMERGING FEMININE

致謝

在協助我出版《四女神星》的多位合作人員之中，我由衷地感謝我的編輯兼共著者道格拉斯・布洛赫（Douglas Bloch），有他們的投入和專業，才讓這本書得以問世。

其他編作者包括波莉・米契爾（Polly Mitchell）、貝絲・海娃（Beth-Hedva）、瑪麗莎・波滕吉（Maritha Pottenger），以及提供曼陀羅概念的湯姆・伯爾・古塔（Tom Bol Guta）。

謝謝卡洛琳・卡瓦里爾（Carolyn Cavalier）和山姆・米斯（Sam Mills）在財務上提供支援。

在構思與撰寫本書的過程中，俄勒岡州海岸的美麗海景予我源源不絕的靈感。

丹的佛法（Dharma Dan）普照著願景。

情感上的支持來自我的父母約翰（John）和珍・坎納（Jean Canner），而讓家族的火焰繼續燃燒的，是我的孩子丹尼爾（Daniel）、

雷納・法蘭克福（Reina Frankfort）、吉姆・法蘭克福（Jim Frankfort）、米歇爾・法蘭克福（Michelle Frankfort）、查理・塔巴斯科（Charlie Tabasko）；還有蘇珊・絲薇芙特（Susan Swift）、羅伯特・魯賓（Robert Rubin）、瓊・賽普拉斯（Joan Cypress）、亞倫・格林伯格（Aaron Greenberg）、希格・海恩斯（Signe Haynes）、比爾・比西納諾（Bill Bisignano）、克里斯汀・卡魯斯（Christiane Carruth）、丹尼斯・康羅伊（Dennis Conroy）、益喜・仁波切（Yeshe Nyingpo）和 the Newport Sangha、Papa John、和 A.B.A.T.E.。

感謝克莉絲塔・巴克斯（Christa Bax）和羅尼・德瑞克（Rodney Derrick）慷慨地讓我進出他們的家，並感謝丹尼斯・里奧頓（Dennis Riordin）讓我使用他的電腦。

同樣地，感謝占星界的友人，特別是埃莉諾・巴赫（Eleanor Bach），為我開啟了這段旅程；也感謝我的占星同僚茱蒂・法蘭森（Judy Franzen）、茨仁・艾弗里斯特（Tsering Everest）、史塔緒（Stash）、戴安娜・史東（Diana Stone）、雅納・布雷茲（Yana Breeze）、瑪莉・沃克斯（Mary Works），和巴貝特・卡布拉爾（Babette Cabral）給予我回饋與鼓勵；更感謝我的占星老師丹・魯迪海爾（Dane Rudhyar）、艾倫・歐肯（Alan Oken）、維吉妮亞・達洋（Virginia Dayan）、喬安娜・威肯珀格（Joanne Wickenburg）和吉波拉・都賓斯（Zipporah Dobyns）給予我啟發。

四女神星
008

許多有效率的工作時光，是在榮格學會舊金山分會的原型象徵研究檔案室（the Archive for Research in Archetypal Symbolism）中度過的。

最後，還要特別感謝我的靈性導師喇嘛恰度祖古仁波切（Lama Chagdud Tulku Rinpoche）對於動機與憐憫心的教導。

迪米特拉・喬治

一九八四年十一月九日

於俄勒岡的沃爾德波特

朱鷺出版社（**Ibis Press**）版本序言

　　自我於一九八一年第一次遇見道格拉斯‧布洛赫（Douglas Bloch）並將小行星介紹給他，至今已過了二十二年，對於從自己星盤中四顆主要小行星所得到的深層解讀，他感到印象深刻，因此，他鼓勵我把這些教材匯集成冊，以便更廣泛地傳播。

　　道格拉斯提供了他身為編輯與顧問的精湛建議，我們在一九八四年完成了《四女神星》的初稿，但初次的提案，卻因為占星書籍類的出版社不知道該如何評價小行星而被拒絕──當時的占星界普遍認為小行星技法具爭議性而有所存疑。而後，星象計算服務出版社（Astro Computing Services）的主編瑪麗莎‧波滕吉（Maritha Pottenger）慷慨地答應出版這本書，她自小便聽聞母親吉波拉‧都賓斯（Zip Dobyns）講述這些奇幻的小行星故事，因而充分地理解這個主題的重要性，並相信這本書是重要的，她告訴我們，她不認為這本書的首刷會賣得好，但這是值得出版的題材。

　　《四女神星》自一九八六年首次出版以來已陸續賣了十五刷，這樣的銷售成績讓所有人為之驚嘆，其版權安穩地留在米切爾森／西姆斯（Michelsen/Simms）家族的星象計算服務出版社，直到這家公

司易手。

《四女神星》曾經暫停再版多年，版權最後回到道格拉斯和我手中，並在仁慈的唐納・韋瑟（Donald Weiser）的幫助下，透過朱鷺出版社（Ibis Press）旗下的尼古拉斯-海斯出版社（Nicolas-Hays）重新印製出版。在這段時間裡，《四女神星》被翻譯成多種語言，環遊了世界，並為占星學對於原型神話之詮釋的發展做出了貢獻；古代女神的永恆故事持續留存在當代男女的心中，並形塑著他們的生活。在一九九〇年代後期，當《柯夢波丹》雜誌在〈年運預測〉的議題中，納入了婚神星及其他女神小行星預測年度運勢時，我便知道小行星終於成熟，並湧入了主流意識。

由於這本書已絕版，道格拉斯和我收到了多通來電及無數封信件，都是因為人們在二手書店中遍尋無獲，這也證明了占星家們都保存著這本書。

在此感謝唐納・韋瑟讓下一代的占星師們能夠繼續將陰性本質的象徵納入占星解讀之中，並感謝瓦萊麗・庫珀（Valerie Cooper）製作了新的版本。

我還要感謝艾爾・莫里森（Al Morrison）和李・里曼（Lee Lehman）對於小行星研究領域的寶貴奉獻，他們在一九八〇年代早期製作了第一份星曆表，並對其他小行星做了初步的解讀，我在本

書中也有簡要提及。從那時候起，馬克・波騰吉（Mark Pottenger）
著手開發軟體，可以查詢到超過一萬顆小行星在特定時間的黃道位
置。這些小行星是以不同文化、地理位置、人名和概念的神話角色
來命名的──而且是的，它們全都有其效應！它們所帶出的象徵
意涵會令你眼花撩亂，例如：查爾斯王子的金星合相小行星卡米拉
（Camellia）、帕克斯（Parks）；或者比爾・柯林頓（Bill Clinton）
的月亮與小行星寶拉（Paula）、莫妮卡（Monica）呈對分相；或者
在賈桂琳・甘迺迪・歐納西斯（Jacqueline Kennedy Onassis）的星盤
中，小行星約翰（John）與小行星亞里士多德（Aristotle）合相，並
與象徵合法婚姻的占星因子呈對分相。

　　對於運用小行星有高度興趣的讀者，馬克・波騰吉的 CCRS
小行星程式是非常重要的，可以透過以下方式與他聯繫：Mark
Pottenger, 3808 49th St., San Diego, CA 92105 或 markpott@pacbell.
net。其他有助於小行星研究的資源，包括迪米特拉・喬治和道格拉
斯・布洛赫（Douglas Bloch）於網站編寫的「四女神星個人報告」
（Asteroid Goddess Report Writer）、NCGR 的小行星愛好者社群
（NCGR Asteroid SIG）、雅各布・施瓦茨（Jacob Schwartz）的網
站 Jacob@asteroids.com、李・里曼的《終極小行星大全》（*Ultimate
Asteroid Book*）、《小行星命名字典》（*Dictionary of Minor Planet
Names*, orders@springer-ny.com）、吉波拉・都賓斯的《善變的
兩難／小行星的世界》（*Mutable Dilemna /Asteroid World*，www.
ccrsdodona.org），以及羅克珊娜・繆斯（Roxana Muise）所提供的

小行星星曆與個人小行星位置的計算服務（roxanamuise@comcast.net）。

在歷經超過二十年，對穀神星、智神星、婚神星、灶神星以及無數小行星緊密而切實的研究之後，一九九七年，我開始轉而追求其他的目標。我回到研究所，取得了古典文學的碩士學位，從而在開普勒占星學院（Kepler College）任教，教授古代和中世紀的占星學歷史，以及希臘占星學的技法。我目前也著手翻譯古希臘醫療占星的文本，然而，當我持續在工作中運用小行星時，它們始終在我心中佔據最神聖的地位。

我將小行星視為最豐盛、也最令人著迷的研究領域，並將它們獻給所有新一代的占星師，盼各位能從中建立自己的聲譽。

迪米特拉·喬治

Demetra George

二〇〇三年五月

第一版序言

　　迪米特拉（Demetra）是我的教母為我命名，也是我們家族世代相傳的名字，我的祖先來自希臘的阿卡狄亞（Arcadian）山脈，那裡也是狄米特（Demeter）古老祭儀的所在之地。

　　一九七三年的春天，我第一次參加占星研討會，在那裡遇見甫發表第一本小行星星曆的埃莉諾・巴赫（Eleanor Bach），當她知道我的名字叫迪米特拉（穀神星在希臘時期的名字），並得知我的穀神星與太陽有對分相位時，她給了我一份小行星位置表。回到俄勒岡的家後，我繼續研讀非主流占星學，從而深受啟發，將小行星——穀神星、智神星、灶神星和婚神星——加到我客戶的星盤上，並開始探究它們的意涵。歷經了十載的光陰，將數以千計的星盤加以彙整之後，我對這些神奇的訊息傳遞者有了更深層的認識，也希望把成果分享給占星學領域的朋友，期望能增進你們對於這門神聖科學的理解與珍視。

　　「為什麼要在星盤中加入小行星呢？只用我們熟悉的十顆行星不也挺好？」作為占星師或占星學子，當你第一次聽聞要將小行星整合到本命星盤時，可能都有過這樣的疑問；然而，納入小行星可以為

星盤的解讀增添其深度、豐富性和準確度，這些都是過去占星學所缺少的。

　　將小行星置入誕生星盤後，它們會發揮很大的作用。首先，它們提供占星師傳統行星所無法傳達的重要訊息，例如：穀神星象徵了家庭當中父母角色的羈絆，也是良性關係的基礎；灶神星點出了我們對個人承諾以及專注於工作或理想的需求；婚神星描述了我們對於親密關係的需要，以及將自己託付給他人的能力；智神星掌管了我們創造現實與立定目標的心智能力。

　　小行星除了提供占星學的新原型，也協助我們釐清並強化已存在於星盤中的主題，我們也經常見到小行星能集結星盤中的焦點，並完整主要的相位圖形；因此，透過使用小行星，占星諮詢師可以提供客戶更精細的占星解讀，以及更貼切的人生見解。

　　接下來的篇章將詳述女神小行星的教義，讓你順利地將所學運用於占星詮釋，藉由探索女神小行星的神話展開各別的研究。從神話中，我們將理解基本原型的本質在現代心理學的表現形式，最後，根據每顆小行星所在的星座、宮位以及與其他行星和小行星的相位，來勾勒其樣貌，並且，為了更深入地呈現這些神祇的相關特質，女神小行星將被置入男性和女性名人的星盤中，進而看見這些特質如何展露在現實生活中。

推薦序

　　關於四女神星，從我最初認識她們的原因，到今日推薦她們的理由，已截然不同；如同女孩、女人到老婦的每個人生階段，皆有著不同而珍貴的體悟。如今凱龍回首之年，我會說那彷彿是一段慢慢融化自己、看清自己、接納自己，並讓真實自我顯化，返璞歸真與合一的道路。

　　曾經，我也和大多數女孩一樣嚮往婚姻，但每每論及婚嫁，總會頭皮發麻、無端生氣，將彼此逼到決裂，反覆幾次之後，才逐漸意識到自己在親密關係裡那莫名的慣性反應；是害怕照顧的責任嗎？還是擔心無以回報？是早年父母離異之故？還是過往情傷所致？是「完美主義」作祟？又或者，我根本是同性戀？不斷自我懷疑，也始終不能明白真正的原因，只能無奈接受「恐婚」這張標籤。

　　二〇一二年，因進修而接觸了本書英文版，讀完當下還沒有特別的觸動，反而是在兩三週之後的某一夜裡，正要入睡之際，心頭突然湧現出一種前所未有、再清晰不過的自己。

　　研習占星學最大的利己之處在於，我們透過無數的星盤看見每一個人都是宇宙獨一無二的存在，包括我們自己。倘若，靈魂各有其

生命目的，那麼，對於一個本命月相殘月、婚神星位於天秤座十二宮，與座落命度的天王星呈六度內合相，並與位在九宮始點的月亮呈三分相位的女人而言，傳統婚姻的結合，本就不是此生追求；如同天后朱諾神話中的最後橋段，我於此生在婚姻關係中所需的，乃是定期地隱居獨處，回歸真我，不以個人的「婚姻關係」來界定自我的權能與角色。

而在我生命中更為顯著的是智神星主題，它座落於象限十宮末，與九宮主水星緊密合相。孩童時期，我是父親最疼愛的女兒，總喜歡依偎在他身旁，之後父母雖非情感問題而分離，卻將幼小的我心靈撕裂，丟入父系或母系認同的問題裡；少女時期曾試圖讓父母一家再次團聚，但卻徒勞無功；直到成年後，以父親的姓氏生活在母親的國度，並選擇新的名字，這才讓我從分裂中重新融合、誕生出新的自己；這是帕拉斯·雅典娜的權宜，一如祂頂著「帕拉斯·雅典娜」這個新名字，並將梅杜莎的頭像鑲在自己的胸甲上。

這些幡然領悟，我終於看見真正的自己，並且從社會普遍加諸在「女性」傳統角色的框架中解脫，這份理解平息了內心裡的風暴，為我帶來了全然的自信、自尊與寧靜，這是宇宙透過本書回應了我長久以來的提問，賦予了我對於自身生命意義與價值的深刻理解，是一份莫大的恩典。

作為占星研究，我時常提醒學員必須將自己抽離在星盤之外，

採用一致並系統性的方法比對不同的案例星盤，避免對號入座以獲得相對客觀的解讀與驗證，然而，從我分享的故事，你可以見證到那所有相關的生命經驗，全都發生在我踏入占星學領域之前，這般巧合，又教我如何否定小行星於星盤上的有效性呢？

　　神話，記述著潛藏於人類集體無意識底層的共通經驗，神話中的角色則描繪了無論男性或女性，在不同心理面向與需求的原型，而婚神星（朱諾）、智神星（帕拉斯・雅典娜）、穀神星（希瑞斯）、灶神星（維斯塔），這四顆在十九世紀初於火星軌道與木星軌道之間被發現，並以希臘羅馬神話中四位最高女神之名加以命名的小行星，隨著「女性」作為傳統社會男女有別的一端，其平權意識的抬頭，宣告著陰性能量的覺醒，在星圖中，各自以「母親」、「妻子」、「女兒」、「姊妹」這四種顯性可意識的角色或關係，補述了傳統七顆行星所未能表達、眾人皆有的陰性本質，揭露了普世之中不分性別、個人於內在心境與外在環境中，陰性能量的投射、衝突與交融，意味著個人在進入木星與土星所象徵的社會關係之前，亟須有意識地提升陰性能量的覺察以達到內在平衡與關係的滿足。

　　本書《四女神星》（*Asteroids Goddesses*）是由迪米特拉・喬治（Demetra George）與道格拉斯・布洛赫（Douglas Bloch）所共著。首次出版於一九八六年，乃現今東西方占星學界所有關於四女神星核心要義的重要源頭，三十五年來啟迪無數占星家與人們透過星盤去覺察內在陰性的能量，傾聽內在被壓抑的聲音。他們與發布第一本小行

星星曆的埃莉諾‧巴赫（Eleanor Bach）同為具有跨時代意義的貢獻者，我作為受惠者，懷抱深切感恩的心，誠摯地將本書推薦給你，希望你也能和我一樣，從理解自身靈魂本質的過程中，尋回自身內在的肯定與寧靜。

　　我的故事僅止於個人生命經驗的分享，同樣獨一無二的你既有或即將面對的生命歷程，建議用以下的要點參透看看；假定你已具備占星解盤的基礎能力：

1. 觀察本命月相以及金星的狀態與意義。關於這部分，推薦可以參考同為作者所著的《占星與真我》（*Astrology and the Authentic Self*），中文版已於二〇一九年出版。

2. 啟用四女神小行星（暫不啟用其他次要小行星），觀察是否有任一女神小行星位於角宮，或與角宮主星、角宮內的內行星有緊密的托勒密相位；此步驟的用意在於從四顆女神小行星抽取出對你的生命真正具有關鍵重要意義的小行星主題。

3. 先將手邊所有其他書籍及說法放下，也先別急著去看本書的菜單解析，因為那些未必都與你有關；你所追尋的那個答案，就在——你、星盤和神話裡。

4. 只單純細細咀嚼本書中所描述的神話，別急著去界定世俗渴望中

的是或不是、有或沒有的問題，更請別輕易將自己置入關係受害者的位置。

5. 你此生的性別未必等同主題神話中的角色性別，例如：你是一位女性，但是在婚神星朱諾的神話情節中，未必演出朱諾，也可能扮演的是朱庇特的角色、又或者是被收養的海克力斯。重點是，我們用陰性能量和陽性能量來區別，而非以生理性別來區分。

6. 神話很長，還有許多不同版本，而在你人生中不斷反覆經驗的，可能只是神話中的某個片段，這部分可以從步驟二去觀察。片段指出了你此生與主題相關的核心能力、需求與糾葛，而整部神話可以為你提供一種宏觀的視野，去重新看待靈魂深處與主題相關的本質。

7. 闔上書，容許自己一段反芻的時間，這段時間可能無感，也可能颳起情緒風暴，但不強求、不抵抗，只經驗它、接受它，待機緣成熟時，美妙的自己終將浮現。

　　由於本部占星經典成書於三十五年前，部分案例的生時資訊因來源與更正時序而出現偏差，也不免以菜單形式點出各女神小行星於不同星座宮位的特徵，但本書最為珍貴之處，乃是從神話與文化變遷的脈絡中，去解放我們原先對於陰性本質與角色的狹隘視野與束縛。

　　再次感謝本書作者——迪米特拉·喬治與道格拉斯·布洛赫，尤如占星界的大母神，以如此珍貴深刻的洞察滋養著我們，接引著每一個人的內在女神顯化漫步於人間，當放眼三百年後的水瓶世紀，即可預見那陰性本質的溫潤、療癒與創造力所注入給這世界的生生不息，以及整體人類內在品質達到自我完整「合一」的未來目的地，正在加速地向我們趨近，本書可謂之重要的搖籃推手，我們編譯團隊有此機會將本書引薦至華文占星界，是莫大的榮幸。

瑪碁斯（Maki S. Zhai）

C.A, NCGR-PAA

美國 NCGR 占星研究協會　台灣分會會長

智者星象學院　院長

二〇二〇年三月八日

目錄 | CONTENTS

第一章

小行星——意識躍進的媒介

★

小行星與文化的變遷

從歷史的觀點來看，外太空中天體的發現、命名和認定，與人類集體意識的演進以及文化的變遷有著相應的巧合。舉例來說：在一七八一年象徵平等與自由的天王星被發現的前後期間，人們見證了美國獨立戰爭與法國大革命；當象徵神祕主義與幻覺的海王星在一八四六年被觀測到時，正是超驗主義與靈性主義等興起的時代；一九三〇年，隨著象徵集體轉化力量的冥王星受到關注，反映了社會在集體福祉意識的覺醒以及核武時代的來臨，迫使人們必須面對生死的選擇。

每一顆外行星的發現，都意味著人類已做好準備，與該行星所象徵的神話原型相互激盪並融合，而同樣地，我們也在小行星被發掘的過程中，看見相同的歷程。

一八〇〇年代早期所發現的小行星，大多位於火星和木星軌道之間的主小行星帶，而最早被觀測到的四顆小行星——穀神星希瑞斯（Ceres）、智神星帕拉斯·雅典娜（Pallas Athene）、婚神星朱諾（Juno）和灶神星維斯塔（Vesta），是以古代四位偉大女神來命名。

　　從神話的角度來看，這四位女神與木星朱庇特（Jupiter）、海王星涅普頓（Neptunu）和冥王星普魯托（Pluto）一樣位列奧林帕斯主神。維斯塔（Vesta）、希瑞斯（Ceres）和朱諾（Juno）是朱庇特、涅普頓和普魯托的三位姊妹，他們全是泰坦神土星克洛諾斯（Cronus）與妻子雷亞（Rhea）結合所誕下的孩子，而帕拉斯‧雅典娜（Pallas Athene）則是新天神朱庇特最喜愛的女兒，由朱庇特獨自孕育並從他的頭頂誕生。從象徵意義來看，這四顆小行星各自代表的女性原型，正逐漸湧向大眾的意識。（註：原型是一種舉世通行的思維模式與意象框架，深植於集體人類的心靈之中。）

　　在尚未採用小行星以前，傳統的星盤解讀所使用的女性代表因子，僅有月亮和金星，女性在社會中被認可的角色，也僅限於月亮代表的母親和金星代表的伴侶。

　　轉變始於女神小行星相繼被觀測到的十九世紀，當時蘇珊（Sunsan. B）、安東尼（Anthony）和伊莉莎白（Elizabeth Cady Stanton）引領的女權運動，正致力於增進婦女在社會的參與，不過，這些思想種子仍未開花結果。

　　直到一九七〇年代初期，埃莉諾‧巴赫發表了第一份小行星星曆表，此時，陰性表述的新概念才完全滲入人類的意識之中，女性得以發揮創造力與聰明才智，萌生出傳統母親與妻子角色以外的更多可能性。隨後，在社會上能看見女性廣泛地投身於政治、藝術、教育、

體育以及其他專業領域，這也宣示著女性角色在歷史舞臺的重現，以及女神們在女性靈性層面的復甦。

發表小行星星曆的埃莉諾·巴赫（Eleanor Bach）曾說過這麼一段話：「對當今的女性而言，我們不是僅供欣賞的花瓶（金星），或是受月經周期影響而起伏不定的情緒鐘擺（月亮），何不談談我們的智慧機敏、我們的生產力、我們的創造力與效率、我們對於生命孕育的關注、我們對於奉獻的投入，以及我們的大愛呢？」①

穀神星希瑞斯、智神星帕拉斯·雅典娜、婚神星朱諾和灶神星維斯塔，這些代表女性的新聲音從沉眠中被喚醒，正向我們的社會要求權力、認可、正義與平等。

在此需要強調的是，這種現象並不僅限於女性，陰性表述被喚醒後的新觀點，也對男性產生同樣深遠的影響。隨著女性改變自身傳統角色的表現形式，男性也在發展與她們對應的新方式，固有的互動模式將不再適用，取而代之的是新的期望與新的角色。

在過去，男性多半將他們內在的情感、滋養與敏感等陰性特質，投射到女性身上，隨著近代由小行星代表的陰性中樞漸增活躍，男性承受壓力的同時，也被鼓勵著要去「擁有」並發展這些特質。因此，越來越多男性打破「大男人主義」的刻板印象，轉而正視並表達他們內在的直覺與感受，開始踏入過去專屬女性的工作領域，例如家庭主

夫、護理人員、接線生和祕書；在養育子女上，男性也增加互動陪
伴，像是參加產前分娩培訓並協助生產過程；隨著參與度的提升，促
使男性進而爭取並要求對子女的監護權，甚至以單親父親的身分申請
領養子女，這些在過去是不被社會所接受的。同性戀者的增加，也是
男性解放的另一個前衛領域，彰顯男性對陰性面向的認可與表露。

　　跳脫性別層次，陰性面向在人類大腦內的活躍反映，已成為普
遍意識擴張的基礎。心理學家認為，人類的心智可區分為左腦和右腦
功能，左腦以線性概念作為參考框架，進一步組織並構建資訊，這種
理性的邏輯運作是男性的或陽性的，在現代最常見於對分析及技術的
追求；另一方面，右腦則取用並處理毫無因果關係的訊息，是大腦中
屬於直覺、藝術和情感的面向，亦即女性的或者陰性的。在過去十年
中，我們見證了右腦功能的快速發展，遍及整體醫學、復健、教育、
治療以及心靈意識等領域。

小行星與全球性的轉化

　　小行星對應神話故事中的女性原型角色，其陰性能量的本質，
以接納、孕育及創造生命的形式充盈於廣袤宇宙。從全球的觀點來
看，小行星的發現也點出隨著水瓶世紀的趨近，人類此時正經歷著新
時代誕生的陣痛。

　　水瓶座是象徵集體意識和全球覺知的星座，我們目前正處於占星家稱為星座世紀交界（the Cusp of the Ages）的時代。從雙魚世紀到水瓶世紀的過渡時期是一段劇烈的轉變，在這段時期，過去兩千兩百年周期的基礎能量即將轉換至下一個周期。為了更加理解這個轉換是如何進行的，請試著想像那構成我們歷史經驗的能量，正在我們稱之為時間的洪流中波動著，在前往分界線的期間，波的振幅和頻率發生推移（見圖1-1），就像海洋的波浪呈現周期性節奏一樣，歷史同樣具有周期性。由於某些波浪會格外地強勁，因此，在歷史上的特定時期，我們會經歷「巨大」的變革浪潮，也被稱為大躍進；隨著社會所承載的壓力與緊張加劇，波浪的振幅會持續增強，直到人類累積足夠的能量激發意識的飛躍。

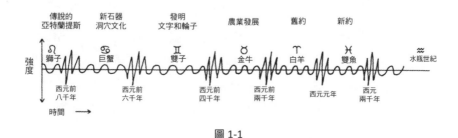

圖 1-1

　　這種現象正在改變我們的社會秩序，並為新的文化體驗鋪路，不僅有占星學家，研究人類潛能的哲學家和理論家也都指出，現在人類正處於意識飛躍的邊際，例如電腦（由水瓶座掌管）預示著資訊爆炸，它實質影響了人腦處理訊息的能力。

　　直至現在，人類大腦細胞的使用率約 13％，隨著資訊的爆炸，一些人開始以遠遠超過大腦目前的使用率在處理訊息，他們正在「喚醒」新的大腦中樞，接著這些大腦中樞在電化學傳導層級（electrochemical level）建立神經元的思維模式，從而增強了大腦存放心靈意識的容量；這些大腦功能的變化與新生的中樞神經，呼應著人類意識中所出現的小行星們。

　　我們正處於歷史性的全球轉化階段，當我們越接近水瓶世紀，全體人類越有機會經驗集體意識的重生與整合。於此期間，我們得以理解水瓶座對於兄弟情誼、姊妹情誼和天下一家的理想（或者是水瓶座式的失序狀態，無政府、混沌、急於創新改革而未能沿襲合宜的體制，以及過度強調個人而拒絕與他人連結）。

　　轉化所伴隨的情緒危機，正在改變我們靈性中樞（psychospiritual）的振動頻率，因此我們開始調合個人的頻率，與宇宙萬物的靈性核心（spiritual core）和諧共振，而穀神星、智神星、婚神星和灶神星在個人星盤中的位置，揭示了我們可以從哪些面向來對應這些改變。

　　當今之所以迫切需要好的治療師和諮詢師，是因為我們正處於歷史上的過渡期，同時，占星師需要小行星，是因為傳統行星無從對應，也無法解釋新興的議題——正因為它們是新出現的。（的確，過去有些人曾在有限範圍內經歷過這些議題，但不像現在如此大規模。）因此，對現代大多數人而言，如何平衡內在的陰性能量和陽性

能量便極為重要，而這類轉化議題不僅攸關個人，也擴及整個社會。

小行星作為個人轉化的媒介

陰性本質是以月亮作為代表。由於月亮的物理運動在自然界中具有周期性，而月相的盈虧變化也影響著潮汐起落，所以四女神星的基本教導，也與月亮周而復始的運行周期有關，亦稱為轉化周期；小行星不僅與人類心智中，正被激發與融合的新原型相關，也在個人轉化過程中起了催化的作用。

小行星扮演著個人與集體意識的連結，它們之間的關聯性透過三個系統來表現：黃道星座的周期、太陽系行星的位置，以及恆星星座。

第一個方式是透過黃道十二星座的周期來展現。就奧祕的層面而言，星座周期描述了人類意識的進化和發展，這個變革的過程，始於白羊座所代表的個人意識覺醒——「我」是一個獨立、獨特而自由的個體——終於雙魚座所代表的直覺意識，即個人是構成群體的一個細胞單位；而介於兩者之間的星座，訴說著從白羊座到雙魚座的演化進程。

在前五個屬於個人領域的星座中，白羊座生命的火苗，透過金

牛座的軀體、雙子座的心智和巨蟹座的情感來呈現,並借助獅子座的創造力和繁衍力實現自我;在後四個屬於集體範圍的星座中,射手座、摩羯座、水瓶座和雙魚座象徵著大型社會結構下的個人功能,射手座提供獲取集體知識的途徑、摩羯座提供參與集體結構的方式、水瓶座集結眾人的理想和願景,雙魚座回顧集體的經歷而展現同理心和同情心。

而位於中間的處女座、天秤座和天蠍座則是過渡星座,引領著個體從個人意識(白羊座到獅子座)至集體意識(射手座到雙魚座)的轉化過程。

在處女座,持續精進自我臻至完美,並整合內在成為完備的個體,方能進入象徵合夥關係的天秤座;在天秤座,個人第一次意識到他人存在,經由溝通讓雙方意識得以互通交流,此過程為邁向天蠍座的最終蛻變奠定基石;在天蠍座,「我」的個人意識會逐漸消亡,全然浸淫與滲透,直至與他人意識融合;從「我」走向「我們」,結合成為通往射手座集體意識的法門(見圖 1-2)。

小行星穀神星、智神星、婚神星和灶神星,與過渡星座──處女座、天秤座和天蠍座有著星座主管權的強烈連結,因此,我們可以假設小行星在這些星座中擔任催化者的角色,以促進個人意識轉化為集體意識。

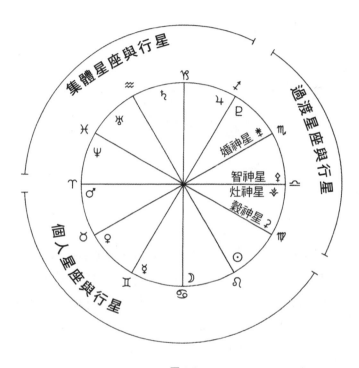

圖 1-2

太陽系的行星是呈現人類進化的第二個方式：太陽、水星、金星、月亮和火星被稱之為個人行星，因為它們主管著個人的自我認同、思想、價值觀、情感和驅動力；木星和土星為社會行星，象徵著社會運作的道德和法律規範；天王星、海王星和冥王星為世界行星（universal planets）（譯註：三王星主管超乎個人與社會外更為廣泛的世界，可代表世代、集體意識、全宇宙等範疇。），或稱作銀河系的使者，與更大的宇宙力量共振；小行星主要分佈於火星和木星間的

主小行星帶，從而形成物質與精神交會的橋樑，使個人得以連結至社會及整體的宇宙。（見圖1-3）

圖 1-3

最後一個方式，是透過恆星星座來描繪變革的過程。恆星星座中兩個以蛇命名的巨蛇座（Serpens）和長蛇座（Hydra）與小行星尤為相關，其星群分佈於黃道星座——處女座、天秤座和天蠍座的兩側。蛇，自古便是女性轉化力量的主要象徵，經常與小行星穀神星、智神星、婚神星和灶神星所代表的意涵相連（見圖1-4）。

因此，這三個系統——黃道十二星座周期、太陽系行星和恆星星座——與穀神星、智神星、婚神星和灶神星，以及與她們相應的處女座、天秤座和天蠍座，形塑了人們從個人走向集體的轉化過程。

如今，隨著陰性的靈性中樞被激發，使得蘊藏在男性與女性當中大量無意識的原型元素也隨之釋放，不幸的是，陰性本質在歷史的軌跡上是受到壓抑的，進而影響了這些元素被釋放的方式。想像一道

光束從污漬斑斑的髒玻璃中透進來，當我們透過玻璃往外看，髒污阻擋了清晰的成像，我們對於女性的印象和想像亦是如此；壓抑導致了女性原始力量中的信念和態度被曲解，我們看著難以辨識而朦朧失真的影像，僅憑藉過往的經驗，加以揣測形塑了我們對女性的觀點。

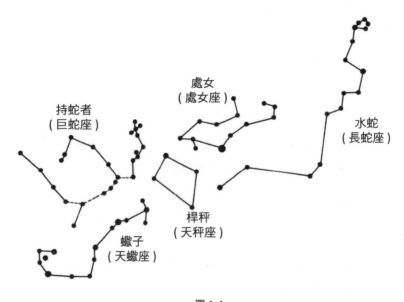

圖 1-4

現代男女受到來自潛意識的制約，往往活成了扭曲的神話原型，婚神星就是個鮮明的例子。在這個故事裡，婚神星朱諾是一位充滿嫉妒心和復仇心的妻子，鼓勵女性將同性視為潛在威脅或對手，也促使男性對「他們的」女人抱持地盤性、主導權和佔有慾的信念，進而引起對其他男性的不信任。朱諾（或在更早時期被稱為赫拉）過去是位

特別的女神，曾經促進女性間的親密連繫，然而諷刺的是，這份同性之間特殊的連結，被扭曲為嫉妒、競爭和懷疑的感受（將在朱諾的神話章節裡進行探討）。原型中的精神能量，如今受圍於一個扭曲的意象（偽神），因此，偶像崇拜的破滅將有助於釋放原型真實的力量，其中一個方式，便是透過轉化的過程來實現；接下來我們將針對轉化的歷程作更深入的探究。

個人轉化的三階段

任何的轉化過程，都需要特定的力量或動力來克服既有習性，敦促我們邁向進化周期的下一個螺旋。如圖 1-1 所示，時代變遷中的星體進化乃透過精神能量的振波獲取動能，而同樣地，情緒能量的壓抑亦將積累成個人轉化的動力。

就像我們把一條橡皮圈用力下拉，當它獲得足夠的作用力之後便會往上彈，這種**集約化**或**壓縮的行動**是轉化過程的第一階段，由灶神星作為象徵，藉其自我約束的力量將我們向內拉。在心理層面上，我們透過情緒的壓抑來展現灶神星的能量，經由分離、失去、悲傷、痛苦、絕望、失敗、挫折和受拒，而產生「觸底」（hitting bottom）的經驗。

轉化過程的第二階段是**解離**，以掌管創造力的智神星作為象徵。在此階段，來自灶神星壓抑情緒所產生的能量得以突圍，並打破了結

構上的限制。解離可以有多種形式的表現——關係、家人、工作、心態或某種生活方式的結束，此時，個人經歷了大量自由而浮動的能量，但各種能量皆尚未被整合，猶如置身於一片混沌之中，難免因此感到恐慌、莫名的焦慮或混亂；另一方面，當事人也可能勾勒出新的可能性、夢想和願景，因而感到解放並興奮不已。

轉化過程的第三階段是**更新**，以婚神星作為象徵，她對連結的渴望將我們從孤身帶入了參與。此刻，我們得以運用解放後的能量，加以重組並創造出新的形式，這將有助於擴大成長並持續發展。於此階段，我們人際生活的各個面向——我們的工作、人際關係、與我們往來的團體和我們就讀的學校，都得到了療癒和更新。

這些經歷將我們帶往穀神星，它是體積最大的小行星，也是第一顆被發現的小行星。有些天文學家推論，小行星群是由某顆行星爆炸後所形成的，而穀神星的前身可能是該行星的核心。希瑞斯身為大母神（the Great Mother），象徵運行於外圍小行星群的母體；而透過她的神話以及所參與的厄琉息斯祕儀（Eleusinian Mysteries），穀神星標示著小行星群誕生、死亡和重生的歷程，就此意義而言，穀神星為整個轉化過程奠定了基礎。

當小行星在個人星盤中格外突顯時，意味著他們具有善用轉化能量的人格特質，這一類人經常成為轉動社會的齒輪，透過他們的潛在能量，讓舊有固化的結構與態度以及崩壞的價值得以革新和再生，

也因此,在對抗集體意識既存的道路上,他們的人生顯得危機重重。

　　小行星在個人生活中,象徵得以被覺察與感知的心理議題,預示了當事人將進入何等規模的轉化歷程;帶著覺知去經歷這些轉化極為重要,因為這個過程能使個人通過處女座—天秤座—天蠍座的過渡階段,並邁向最後四個星座的集體願景,它們讓個人拓展意識的疆界,從孤絕的幻境中抽離出來,從而感知真實,並找到真正的合一(oneness);以此形式,個人和全體人類得以並肩發展。

　　因此,四女神星就像是運載生命能量的「載體」(vehicles),是一股快速振動的誕生力量,她們既是轉化的催化劑,也是我們轉化過程的關鍵象徵;她們代表著那些轉化的經歷或危機,促進大腦運作機制的轉變,最終讓個人意識與集體意識或宇宙頻率相接軌。

　　作為宇宙組成的一部份,小行星之間特定的振動與相位變化,也象徵陰性能量逐一自沉睡的心理原型中甦醒,以達成行星生態的平衡;穀神星、智神星、婚神星和灶神星,運用她們與生俱來的本質,化身為「意識交流的載體」,孕育出人人平等的水瓶座理想社會,她們提醒著我們必須坦誠面對該行星所象徵的原型樣貌,以完成從自我到集體理解之間的轉化;小行星更是促使我們每一個人蛻變的神奇媒介,她們是啟動儀式的密鑰,這些經驗將為我們開啟通往理解宇宙的大門。

① Eleanor Bach, "Preface," in The Asteroid Ephemeris by Zipporah Dobyns with Rique Pottenger and Neil Michelsen providing calculations (Los Angeles: TIA Publications, 1977), 3.

第二章

小行星——新神話的先驅

★

神話的意涵

　　卡爾·榮格（Carl Jung）將神話稱之為「人類偉大的夢」和「集體無意識的原型」；原型是指橫貫時間的各個時期，運作於人類意識之中最根本普遍的思想形式。行星和小行星的命名，對應著諸神所擁有的原始力量，為了瞭解小行星的原型是如何運作，我們必須探索與它們相關的神話。

　　神話的意涵可以有許多層次的詮釋。從表層來看，神話是一種口語傳播，代代相承，教導著我們的起源和歷史；在人們使用文字書寫以前，尤其在印刷術發明之前，累世知識是以神話和口耳相傳作為主要的記錄方法，因此，追溯神話的發展和變化得以揭示更多的古代歷史。由於文化在各個時期的發展和轉變，同一則神話會出現不同的版本，學者們對於哪個版本才是正確的，早已迷失在無休止境的爭論之中，然而，事實卻是——往往所有的敘述都是真實的，而且彼此關聯。

　　從描寫特定時代事件的神話沿革中，我們發現——神話重複講述了人類意識在那些時間點的發展歷程，而眾神角色所顯現的關鍵變化，亦指向人類潛能的表現方式有著重大進展。例如，一則故事描述

了智慧女神帕拉斯‧雅典娜從她父親朱庇特的頂輪誕生，這則神話
向我們透露了當時陰性本質的表述方式，即繁衍女神的生殖功能，
從原本僅通過生殖器官引導出創造性神聖能量，移轉到從頭部傾洩
而出；此一改變，體現了女性在表達其創造性智慧和思想誕生的方
式，出現了新的能力。

神話的扭曲

　　就歷史的觀點來看，神話中諸神的角色是依照歷代政治或宗教
王朝的需求形塑而來，祂們予人的樣貌也相應地發生改變，祂們早期
的屬性被遺忘，或被刻意地壓抑，特別是對當代體制的安全構成威脅
的時候。

　　原型能量在一般的演化發展中經歷變化是一回事，但在權宜之
下受到扭曲而改變，則又是另外一回事，從金牛世紀到白羊世紀的過
渡時期就能看見扭曲的事例：在這段期間，以月亮為基礎（月亮入旺
在金牛座）的母系農業社會，轉變為以太陽為基礎（太陽入旺在白羊
座）的父系及游牧社會，大地女神的統治權被天空之神所取代，女神
的作用與活動也隨著權力被削弱而式微；當奧林匹亞神話在西元前
一一○○年出現時，朱庇特成為權力至高無上的天神，而女神們則成
了昔日宏偉殿堂的闇影。在許多例子中，她們被賦予的新角色與她們
的原始天性是相反的，例如：古代蘇美的未婚女祭司以性儀式作為宗

教獻祭的方式，但在父權文化的變異下，羅馬的未婚女祭司轉變為以宣誓獨身作為宗教承諾。

　　不幸的是，女神們扭曲的形象已深植現代人的心理，原型最初傳達的意涵被壓抑或扭曲，這樣的病態，導致現代人心理的挫折、不快樂與疾病，特別是與陰性本質相關的部分，例如，小行星維斯塔可能會用性恐懼、退縮和疏離來表達自我，這份恐懼的緣由，在我們發現此段記述時獲得了解釋：在某一時期，神廟中的處女祭司被禁止性奉獻，若有違反則會遭到活埋。

　　儘管，早期神話版本中的女神原始天性已被深埋於層層的歷史遺址，而難以探究其意識心智，但是，她們仍然存在於集體無意識的心智當中。

　　「無意識，其實含括了兩個層次：個人和集體。個人層次終結於嬰兒期最早的記憶，集體層次則包括嬰兒期之前，即先人生活的餘跡。個人無意識的記憶圖像，是由個人親身經驗填具而成，而集體無意識的原型則沒有填具的過程，因為那並非經由個人經驗所形成。從另一方面來看，當精神能量消退，甚至退回到嬰兒期之前的階段，潛入先人生活的餘跡時，神話的意象就會被喚醒：這些就是原型。」①

　　這並非建議我們應當回到過去，回到過去不僅不可能，也不令人嚮往，然而，在轉化階段的關口下，對於原型意象的純淨或原始本

質的清晰洞見，可以重新喚醒靈魂的運作。

神話在療癒過程中的作用

　　探索神話中更深層或「隱含」的意義，能說明原型模式的建構歷程，因為原型模式無意識地導演了人們生活的戲碼。神話描繪了人們可以用來表達自我的基礎生活腳本，當人們活出了這些神話，即把這些無意識的原型能量，帶入了他們的意識之中，榮格稱這個過程為個體化，也是前人所稱的「啟蒙」（initiation）；因此，透過瞭解誕生星盤中的行星主題來洞悉個人的神話，可以使個人更有意識地活出自己的天命。

　　舉例來說，希瑞斯的神話描述了她失去女兒波賽鳳妮（Persephone），以及後續與普魯托分享波賽鳳妮的歷程，因此，穀神星與冥王星在星盤中的相位，通常意味著失去孩子或分享孩子的生命課題，這個主題在流運或推運被觸發時，可以指出子女監護權裁定的時間點；從這裡，我們看見神話中的關鍵點，對應著個人生命中需要做出決定或採取行動的關鍵時刻。

　　然而，經常發生的狀況卻是，一個人可能會因為重複著消極或徒勞無益的行為模式，而停滯於神話歷程的某個點，每當有意識地決定要放棄舊有習性時，本能的無意識模式又會被深化，如《個人

發展的周期》（*Cycles of Becoming*）一書的作者亞歷山大‧魯佩蒂
（Alexander Ruperti）所言：「童年時期的一條溝痕，後來變成一道
車轍，最後成了一座墳墓。」②

　　又比如，我們可以觀察女性在配偶或伴侶角色上的心理發展：
在最初的階段，莉莉絲（Lilith，女性次小行星）進入了關係，但對
這段關係不甚滿意而離去；來到中間的階段，朱諾進入了關係，也發
現不盡理想，但仍繼續維持關係；到了最後的階段，賽姬（Psyche）
進入了關係，並透過轉化的過程，讓靈魂伴侶的結合變得完美。關係
進展的屏障，往往發生在莉莉絲的階段，在此階段，個人選擇逃離來
迴避關係中的衝突，而這樣的逃避舉動阻礙了後續的關係發展，以及
最終完成彼此共識的賽姬階段。

　　正因如此，透過對神話的認識，療癒師、占星師或者諮詢師可
以辨識原型中固著的主題，並指出解放的方法；運用行星的神話作為
指南，療癒師可以探究客戶被禁錮的本質，加速修復的過程，以符合
自然且和諧的方式來達到療癒的成果；因此，**誕生星盤提供了生命課
題的判斷、與神話的關聯以及療癒的線索。**

　　在過去四、五千年裡，女神的力量一直處於沉睡狀態，隨著小
行星的發現，陰性力量終於被喚醒，並釋放到我們的意識覺察裡，而
在人類持續發展歷程中，**透過研究與運用小行星並修復原型中的真實
形象，占星師可以協助兩性重新找回內在陽性與陰性本質的平衡。**

① Carl G. Jung, "On the Psychology of the Unconscious," in Two Essays on Analytic Psychology (Cleveland: Meridian Books, 1965), 87.
② Alexander Ruperti, Cycles of Becoming (Vancouver, Wash.: CRCS Publications, 1987), 8.

第三章

曼羅陀之於四女神星

★

於燦爛陽光下

　　銀色月光輝映著月亮的基礎能量——是女性尚未展現孕育與轉化的力量之前，未經分化的陰性能量。

　　從月亮中心冉冉而升的是金星維娜斯・阿芙蘿黛蒂，表露了陰性本質的核心元素，她憑藉著神聖之美的力量與性愛的吸引力，喚起了人們對於生命的慾望。

　　她向北散發光亮，讓陰性能量化身為穀神星希瑞斯，以母親的角色展現其繁衍的面向，孕育並滋養萬物。

　　她向南散發光亮，讓陰性能量化身為智神星帕拉斯・雅典娜，以女兒的角色展現其創造的面向，催生出心智與藝術的產物。

　　她向東散發光亮，讓陰性能量化身為灶神星維斯塔，以處女與姊姊的角色展現出陰性本質的自給自足與自我完善，且不隸屬於任何男性。

　　她向西散發光亮，讓陰性能量化身為婚神星朱諾，以配偶與妻

子的角色展現其陰性與陽性本質的結盟關係，藉由締結神聖婚姻的儀
式結合為一。

在榮格對人類心理學的探索過程裡，他認定世上存在著普遍共通的象徵，可以用來描述原型能量中的本質與關係，其中一個象徵是**曼陀羅**（mandala），即梵語中的「圓」。

圓的特質，在於它具有圓圈以及圓心，「圓心或者最中心點被周邊所環繞，包含著一切自我的延伸——這些成對展開的對立面向，建構了完整的人格。」① 小行星曼陀羅（見圖 3-1）是一種視覺圖像，整合了人類在表現陰性本質時主要的組成元素，這裡所指的陰性本質，在男性與女性身上皆會展露，**陰性本質並不等同於女性或女人，而是代表人類二元本質中的其中一半，陰或陽，均無法脫離另一半而單獨存在，男性與女性身上皆共存著這兩種極向的屬性**。在過去，陰性本質大多透過女性展現，如今，隨著小行星能量的彰顯，指出陽性能量與陰性能量的平衡重整，男性正在建立自我認同並展露他們的陰性本質。

陰性本質的根源或說根基，是由月亮的潛能作為代表。在圓的中心是維娜斯·阿芙蘿黛蒂，象徵了陰性本質中活躍歡愉的面向；在圓的外圍，穀神星與智神星，以及灶神星與婚神星，這兩組成對相望的小行星，則描述著不同基礎功能的陰性活動。小行星曼陀羅圖像以此種方式描繪出「自我的完整」；每一顆天體，由中心的自我與外在形塑的自我，定義出各自的特質與對應關係，進而建構出陰性意識形象的一致性。

曼陀羅中，月亮所象徵的陰性表述，以太陽所象徵之陽性表述的存在為前提。陽性與陰性是同一股力量的極性呈現，當這股力量得以整合，即是神祕主義者所稱的「合一」；陰性能量並非單獨的存在，而是存續於兩極中的陰極。

圖 3-1

在中國的傳統哲學中，代表陰性的「陰」，相對於代表陽性的「陽」。陽是明亮、炙熱和強大的創造力；陰是黑暗、潮濕、陰影與接納的力量。陰也具備著創造力，它讓陽的創造力得以誕生與展現，

陰被描述成與陽擁有著相等的力量；在陰的映襯下，陽的萬丈光芒方
得展露。②

圖 3-2

曼陀羅中的月亮和太陽，代表女神和男神未經分化的神聖意識，
在象徵意義上，太陽散發光芒，將其創造力向外投射，月亮受映照
而顯現月形，並將光反射回光源，從而完成了月相的軌跡（the soli-
lunar circuit），這形成了一個持續性的循環，在該循環中，太陽和
月亮連續不斷地相互作用並彼此滲透。

銀色月光輝映著月亮的基礎能量──是女性尚未展現孕育與轉
化的力量之前，未經分化的陰性能量。

月亮是陰極能量的主要象徵，因而被古人擬人化為女神；月亮，
在她漸盈漸虧的各個階段，那各個面向不斷變化的容顏，象徵著多位

女神；月亮含括了所有可能的陰性表達，結合於她之中的，是女神們顯化之前，以空靈形式存在的所有可能表達。

在人體生物學所展現的陰性本質，就如同月亮的盈缺，女性的身體因為懷孕變得飽滿，當身體沒有懷著隆起的新生命時，她會順應月亮周期而排出月經。

月亮的循環周期透露了陰性力量的兩種表現：陰極的第一種表現，是**增長和孕育**的力量——加速了重新創造與延續的生命慾望。依據古人的信仰，月亮是孕育一切生命的力量，在象徵意義上，動物的交配周期、農作物的季節性收成，以及女性的月經周期與懷孕過程，都代表著月亮展現孕育能力的節奏起伏。

陰極的第二種表現，是**轉化**的力量——陰性能量蘊含著轉換的作用，它具備將一種事物變成另一種事物的能力。自古以來，女性就統領著食物的奧祕，透過烹煮穀類，將禾草變為麵包；當她們將這股力量內化於自己體內，能使她們的血液轉化成足以滋養和維持生命的乳汁；女性因這種強大的轉化能力而備受崇敬。而蛇類脫落表皮並自我再生的過程，被認為具體展現了重生和更新的奧祕，因此，蛇便成為月亮的陰性能量顯現於轉化的象徵。

在此之後，月亮女神昇華並以三相月亮女神（the triple moon goddess）的形象獲得尊敬。在月亮漸盈的**新月**階段，她以**阿緹密斯**

（Artemis）的身姿現形，象徵未婚少女初露稚嫩，執掌著春季以及天上之事；達至**滿月**階段，她化身為**塞勒涅**（Selene），描繪出女性生命的中期——作為母親，象徵生育力與生產力，執掌著夏季以及大地之事；在月亮漸虧的**殘月**階段，她成為**黑卡蒂**（Hecate），以蒼老與睿智的老婦象徵生命的最後階段，將智慧的精粹提煉成種子，執掌著冬季以及地底之事，在經歷母親的角色之後，老婦透過月相循環，再度重生為少女。

塞勒涅 赤陶瓶畫

希臘化時代：古典希臘時期早期，約西元前 500 至 475 年，塞勒涅戴著尖形帽，帽頂飾以圓環或流蘇，手持紡紗桿，頭上有月亮盤，乘坐著一輛由兩匹長著翅膀的馬所拉動的戰車，沉入海底。
柏林國家博物館
圖片授權：哥倫比亞大學出版社

概而言之，受金色太陽光所容納的月相散發著各式銀色光環，代表著陰性能量的完整潛力，包括孕育與轉化的力量；月相的變化象徵著大母神（the Great Goddess）不斷變化的容顏，交織出多位女神獨有的風采，各個月亮女神於循環周期中回到減光幽暗的階段，講述著從死亡至重生之間，路途中的奧祕與啟蒙。

　　從月亮中心冉冉而升的是金星維娜斯‧阿芙蘿黛蒂，表露了陰性本質的核心元素，她憑藉著神聖之美的力量以及性愛的吸引力，喚起了人們對生命的慾望。

圖 3-3

在月亮原始的、基礎領域的能量中心，催生了金星阿芙蘿黛蒂，她象徵著女性天性中的活躍、吸引力和生育能力。

維娜斯．阿芙蘿黛蒂的神話，象徵著第一種陰性表述，與月亮本質上的所有可能性做出區別。依據阿芙蘿黛蒂誕生的最早故事記載，海希奧德（Hesiod）描述，當叛亂的克洛諾斯（Cronus）把烏拉諾斯（Uranus）閹割，並將生殖器拋入海中時，海面激起一片浪花，她便出生於「海浪泡沫」（aphros，意指上升的泡沫）之中。

和煦的西風之神吹拂著貝殼上的窈窕身影飄越重洋，直到她登陸賽普勒斯的海岸，在那裡，阿芙蘿黛蒂受到荷賴（Horae）款待；荷賴是以周期循環且賦予生命的雨水劃分季節時序的神聖自然守護者；阿芙蘿黛蒂每踏出一步，腳下便長出鮮綠枝芽，她的其他同伴，諸如愛神艾洛斯（Eros/Love）、情慾之神希莫勒斯（Himeros/Tender Desire）也隨荷賴陪伴這位貌美絕倫的新女神參與眾神的聚會；根據荷馬（Homer）的說法，每位男神見了阿芙蘿黛蒂都為之傾倒，盼望娶她為妻，帶領她回到自己的住所 ③；的確有許多人，無論是凡人還是神，都實現了與女神做愛的心願，儘管後來她嫁給了赫菲斯托斯（Hephaestus），但她從未被赫菲斯托斯所佔有。

故事還描述了美惠三女神（the Graces）為她沐浴並抹上永恆的油膏，此一象徵儀式提醒我們——她恢復了童貞。④

阿芙蘿黛蒂的陰性能量，其原型也細分為三位一體，分別名為

阿芙蘿黛蒂·潘德摩斯（Aphrodite Pandemos）、阿芙蘿黛蒂·烏拉尼亞（Aphrodite Ourania）以及阿波斯托菲亞（Apostrophia）。柏拉圖在著作《會飲篇》（*Symposium*）中，明確區分了阿芙蘿黛蒂·潘德摩斯的「平凡之愛」，以及阿芙蘿黛蒂·烏拉尼亞理想化的靈性之愛或柏拉圖式愛情（字面意思為「天堂之愛」），阿波斯托菲亞則是第三種形式，被轉譯為「她轉身離開」。

金星作為生育的表徵

在金星的故事裡，以月亮周期象徵其孕育與轉化的主要潛能，被激活為重要的生殖力。再次觀照曼陀羅圖像，從月亮的基礎能量中心產生陰性表述的核心——維娜斯·阿芙蘿黛蒂——透過陰極的神聖之美、性吸引力及愛，展現其重要的生育力。

維娜斯·阿芙蘿黛蒂作為女性創造者，代表著容納與釋放生育力的能量，是陰性表述的泉源，這是一股驅使鬆弛的陰莖變成勃起狀態的極性能量，故能透過性行為的結合促發繁衍的潛力。

作為愛神，她藉由喚起性慾來創造生命，對愛的衝動即是對磁性的渴望，透過她的神聖之美產生無可抗拒的性吸引力，因為她是宇宙中繁衍力量的來源，所以恩培多克勒（Empedocles）稱她為「生命的賜予者」。⑤

　　阿芙蘿黛蒂最初來自亞洲，與伊什塔爾（Ishtar）、阿斯塔特
（Astarte）息息相關，是掌管所有自然界與生物的生育女神。在後來
的希臘時期，阿芙蘿黛蒂的外在形象轉而被視為愛與情慾的象徵，生
育女神作為「所有生命的原生之母」⑥的功能被壓抑與遺忘，因此，
在父權體系下，她的原生本質被篩除和扭曲，簡化為一位誘人而美麗
的女性，否認了她與孕育周期及轉化本質的連結。

維納斯・阿芙蘿黛蒂　帕里安大理石雕像

希臘羅馬時期：希臘化時期：約西元前 100 年羅德島蹲著的阿芙蘿黛蒂；阿芙蘿黛蒂剛從浴泉
中起身，呈蹲姿，正將頭髮繞束於頭頂。
羅得考古博物館
圖片授權：慕尼黑的赫墨出版社（Hirmer Verlag）

金星與情愛課題

運用她磁性的能量，維娜斯・阿芙蘿黛蒂可以締造人與人之間的吸引力，或者創造「轉身離開」的相斥力；她擁有促使他人燃起愛情並激起情慾衝動的能力，但她卻無力承擔，因而受業力牽引，招致未來經歷了「被愛拒絕」的果報。如阿波斯托菲亞代表的「她轉身離開」，呈現了阿芙蘿黛蒂的黑暗面，啟發了我們遭受拒絕與失去愛的痛苦經驗，她教導我們責任的意義，對於可能引起他人情愫之事，學會保持敏感的覺察力。

透過經歷被拒絕與失去的悲傷，我們學習到關於愛情轉瞬即逝的心靈課題。作為哀慟女神，維娜斯・阿芙蘿黛蒂每年都為她俊美而年輕的戀人阿多尼斯（Adonis）哭泣和哀傷，經由這份痛苦與折磨，維娜斯・阿芙蘿黛蒂逐漸意識到，她不可能支配愛情，愛情與熱情的本質並非恆久不渝，當體認到塵世間愛情的短暫，維娜斯只能用更強的力度，去表達對神聖之愛帶來生命與重生的欣喜若狂。

總結來說，維娜斯・阿芙蘿黛蒂的美麗與慾望象徵著陰性本質的核心元素，她具有激發性慾及生育能量的吸引力。維娜斯・阿芙蘿黛蒂位於各種陰性表述的曼陀羅中心，「整體自我的核心，亦為精神意識的中心，一切與自我相關，一切由意識主宰，而其本身即是能量的來源。」⑦

小行星——完整的曼陀羅

參照上述的曼陀羅圖像，我們看到外圈的太陽／月亮代表陰性磁域的意識，較小的圓圈將金星視為陰性潛能的中心和活力來源，其中心存在著一個三角形，包含「+charge 正電荷」、「-charge 負電荷」以及「0 接地」，這區分了金星的積極動能（＋）與月亮的消極潛能（－）。陰性意識的迴路系統，以小行星作為接地（0），使陰性能量透過此接地流動，從而分化成獨一無二的活動類型；因而，小行星穀神星、智神星、灶神星和婚神星以各自的方式充分運用金星的性能量，她們代表陰性本質上多樣化的功能和活動。

圖 3-4

　　在過去，人們混淆了女性角色和陰性功能，也因此否定了男性身上所具備的陰性功能，甚至，某些對女性角色的刻板印象也侷限了其陰性功能的表達方式，僅容許以社會認可的特定形式來表現。從生物學的角度來看，基於血緣的連繫，母親、女兒、姊妹和妻子是女性的主要角色；然而，陰性功能卻比這些刻板印象更為多元，它包括各種受陰性能量驅動的活動和成就（在男性與女性身上皆會展露）。

　　曼陀羅圖像的中心點與外圍圓圈的關係創造了兩條特殊軸線。從占星學的角度來看，「y」軸是子午經線，連結上中天（Midheaven）與下中天（IC），描繪一個人展示於大眾的外在角色（MC），以及對應於一個人私底下的本質和私領域（IC）；被稱為「x」軸的水平

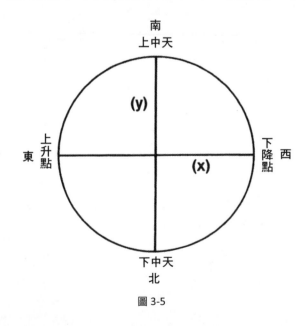

圖 3-5

線，連結上升點和下降點，描述一個人的自我認同（Ascendant）以及與「他人」（Descendant）的關係。

　　四女神星穀神星、智神星、灶神星和婚神星也位於這幾個——南北和東西——四軸點的啟動位置（如圖 3-6），由此創建了一個相互關聯與統一的曼陀羅圖像。因此，大母神（月亮）在生產力與轉化能力的潛在本質，以活躍的生育能量（金星），區分出四種陰性活動的功能：位於下中天（IC）的**穀神星**，運用性創造的能量（sexual-creative energy）來生產**生命**與維生所需要的**食物**；位於上中天（MC）的**智神星**，運用性創造的能量來生產**心靈與藝術**的形式；位於上升點

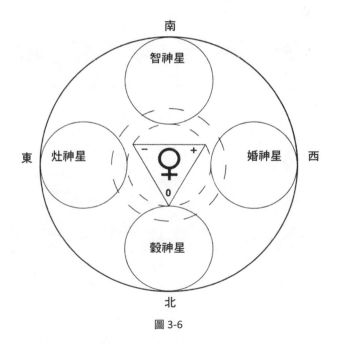

圖 3-6

（Ascendant）的**灶神星**，運用性創造的能量來**更新**與**再生自我**；位於下降點（Descendant）的**婚神星**，運用性創造的能量來**更新**與**再生他人**。

她向北散發光亮，讓陰性能量化身為穀神星希瑞斯，以母親的角色展現其繁衍的面向，進而孕育與滋養萬物。

陰性原型首先以位於下中天的母親穀神星希瑞斯來表現，因此，她超越了金星的性吸引力，運用創造力來激發生命的潛能，以生理機能繁衍下一代。母親在體內孕育著新生命，然後產下胎兒，這份滋養將持續到孩子能獨立自主，自給自足為止，故而，母親也負責生產糧食，為物種的繁衍提供哺育與滋養。

希瑞斯　赤陶浮雕

希臘羅馬時期：希臘化時期，希瑞斯從大地現身，手裡拿著罌粟莢果、百合花與麥穗，蛇隻相左於兩側，盤繞前臂，蛇頭抬起朝向著她。

羅馬國家博物館

圖片授權：羅馬國家博物館

　　作為母親，希瑞斯也象徵著無條件之愛的原則，維持和滋養新創造的生命形式（值得注意的是，在神話中，希瑞斯既是憐憫與滋養大地的母親，也是憤怒而荒廢農作的母親），透過與厄琉息斯祕儀的連結，穀神星也含括著誕生、死亡和重生的偉大奧祕，這其中蘊含了對靈魂和精神的餵養和滋養。

　　穀神星的外在顏色為綠色，象徵著耕地植被的豐饒；她的內在顏色為藍黑色，是冬季時分種子蟄伏於地底休眠的顏色。穀神星的務實特質也讓她與大地元素連結。

　　在占星星盤的象徵意義中，穀神星對應於北方位置的下中天，代表基礎、根源與家人；在占星學，穀神星代表著給予無條件的愛，以及接納自己與他人的能力。當一個人對自己的孩子、創造物或者財產變得過分依戀時，穀神星的周期將引領他們經歷失去與復得的轉化過程，她教予人們的智慧是：分享與放手才能夠帶來團聚。倘若一個人執著於穀神星的歷程，他或她可能會在生活中經歷被拋棄與拒絕——直到學會將佔有轉化為慷慨。

　　簡而言之，穀神星是透過生理的生殖器官來落實月亮能量，以繁衍再生與供給食物滿足人類的基本需求。

　　她向南散發光亮，讓陰性能量化身為智神星帕拉斯・雅典娜，以女兒的角色展現其創造的面向，催生出心智與藝術的產物。

　　與穀神星對望──位於曼陀羅圖像南方位置的是女兒智神星帕拉斯・雅典娜，作為從父親木星朱庇特頭部誕生的智慧女神，她活躍且充滿創造才智，能孕育出思想形式。在這裡，金星的生育能量並非透過生殖器釋放，而是像昆達里尼（kundalini）之蛇似的爬升至頭部，於此產生了創造性思維（心智產物），因此，智神星象徵了創造性智慧的本質。

帕拉斯・雅典娜　青銅雕像

希臘羅馬時期：希臘化時期：西元前二世紀，為西元前五世紀希臘時期原文物的羅馬複製品。
雅典娜戴著頭盔，胸甲前覆著蛇皮埃癸斯，中央嵌著戈爾貢梅杜莎的頭。
佛羅倫斯國立考古博物館
圖片授權：慕尼黑的布魯克曼出版社（Bruckmann）

　　在神話故事裡，帕拉斯·雅典娜與戈爾貢·梅杜莎（Gorgon Medusa）的再生能力有關，而梅杜莎的頭顱被帕拉斯佩戴於胸甲上；帕拉斯·雅典娜的外貌是自信與勇敢的，然而，她隱藏的另一面，卻是對成功的恐懼，因而阻礙了創造力。她的代表色為黃色，象徵在智能領域上的精通，而智神星的心智特質讓她與風元素連結。

　　在占星星盤的象徵意義中，智神星對應於上中天，有形的、世俗的成就於此實現；在占星學，智神星代表一個人的心智創造力，以及創造與控制現實的能力。當一個人被無知所蒙蔽，智神星的周期將指引他們經歷生命結構的破壞與重建的轉化過程，她教予人們的智慧是：心智的明眸蘊含著顯現的種子，倘若一個人僵化於智神星的歷程，他或她也許會經歷信心不足或沒有能力影響生命的狀態——直到學會運用心智創造力將理想轉化為現實。

　　概括而言，智神星描述了透過精神性的創造器官（大腦／心智）使月亮能量穩固落實，藉由行使智神星在顯化法則的智慧，將想像化為實像。

　　穀神星與智神星之間的兩極關係，以下中天和上中天（IC-MC）的兩端作為象徵，形成創造性能量與才智的軸線；金星的生殖創造力，透過穀神星表現在物質形式的繁衍後代，透過智神星表現在精神形式的創造產物。

　　她向東散發光亮，讓陰性能量化身為灶神星維斯塔，以處女與
姊姊的角色展現出陰性本質的自給自足與自我完善，且不隸屬於任
何男性。

維斯塔　白特利大理石雕像

希臘化時代：希臘古典時期早期：根據約西元前 480 年至 460 年的青銅雕像所製成的複製品。
人稱赫斯提亞‧朱斯蒂尼亞尼（Hestia Guistiniani），站立著的女神，披掛著頭紗，右手放在
臀部，左臂失缺。
羅馬的卡比托利歐博物館
圖片授權：倫敦的曼塞爾圖片收藏（Mansell Collection）

位於曼陀羅圖像東方位置的上升點，是姊姊灶神星維斯塔，她的處女本質，在古代被定義為自我的完成與完整，於此處，灶神星運用金星的生育能量再生自我。灶神星的本質是聚焦與承諾，她在單一領域裡善用創造性能量，奉獻並投身於特定的目標和抱負。

在原始功能與本質上，維斯塔統領著神廟中的處女祭司以及姊妹會中的祕儀指令，她們透過神聖的性愛儀式，將月亮的繁衍力經由身體的接觸帶入人類的生命。在後來的時期，當處女的概念轉為貞潔的代表，維斯塔以性的拒絕、獨身和禁慾來作為外在形象的呈現；在神祕的層面上，性能量被內化，以得到內在的靈性結合。灶神星的外在顏色是白色／透晶色，如她的標誌所示，火炬燃起的光芒意味著純潔，灶神星渴求的特質使她與火元素連結，她的符號本身即是火的象徵──永恆的火焰，和祕密的性之火。

在占星星盤的象徵意義裡，灶神星對應於上升點，與個人的自我認同和獨立自主有關；在占星學，灶神星代表專注力，以及經驗自我完整的能力。當一個人的內在變得凌亂無章、過度依賴他人或迷失個人方向時，灶神星的周期將帶領他們經歷再生童貞（自我本質）的轉化過程，她傳授人們的智慧是：定期性地從他人的關係中回歸，讓自我得以淨化與重生，進而讓視野和目標變得明確。倘若一個人沉溺於灶神星的歷程，他或她可能會經歷漫無目標、疏離或者生命力枯竭──直至學會如何將迷惘轉化為承諾。

概括而論，灶神星透過自我交流來落實月亮能量，以淨化與整合個人意識的迴路，並將自己獻身於一項任務或理想之中。

她向西散發光亮，讓陰性能量化身為婚神星朱諾，以配偶與妻子的角色展現陰性與陽性本質的結盟關係，藉由締結神聖婚姻的儀式，結合為一。

與灶神星對望——位於西方位置下降點的是妻子婚神星朱諾，作為婚姻女神，朱諾象徵女性與男性透過承諾關係的形式結合，她運用金星的生育能量促進關係，並與另一個人圓滿結合。在奧祕的層面，朱諾掌握著古印度譚崔（tantric）性愛的祕方，能讓關係臻至完善，以作為通往靈性實踐的途徑。

婚神星的本質是連結和對他人承諾，渴望與人結合，她在關係中親密與共享的天性，往往是透過嫉妒和操控來表現，當她感到無力，並試圖在背地耍手段來挽回自己失去的影響力時，便會發生這種狀況。婚神星的外在顏色為紅色，代表她的激情與渴望佔有；她的內在顏色為藍紫色，象徵深度連結的超然意涵。婚神星的情感特質，讓她與水元素連結，而水是一種媒介，能夠溶解不同的物質形式並將它們融合在一起。

朱諾／赫拉與宙斯　浮雕雕塑

希臘化時代：古典希臘時期早期：約西元前 450 至 425 年，宙斯和赫拉的婚禮（來自塞利農特的赫拉神廟）；當赫拉將面紗舉過頭頂時，宙斯抓住了赫拉的手腕以示佔有。

巴勒摩國家博物館

圖片授權：慕尼黑的赫墨出版社（Hirmer Verlag）

在占星星盤的象徵意義裡，婚神星對應於下降點，即意識到另一個人以及與他人合作；在占星學，婚神星代表建立有意義的關係和對另一個人承諾的能力。當一個人開始變得嫉妒以及對另一個人不誠實，婚神星的周期將引導他們經歷關係中結合與分離的轉化過程，她教授人們的智慧是：寬恕與平等對待，才能與另一個人邁入更深層和修復的關係。倘若一個人僵化於婚神星的歷程，他或她可能會經歷孤立、孤獨和流於表象的交往——直到學會如何將自私的慾望轉化為結盟合作關係。

總而言之，婚神星象徵透過關係的交流來落實月亮能量，與男性透過合法程序結合，並從中再生自我；她作為連結「他人」的紐帶，進而完成意識結合的迴路。

灶神星和婚神星之間的兩極關係，以上升點和下降點（the Ascendant-Descendant）的兩端為象徵，描繪了女性角色的能量軸線。雖然灶神星與陽性能量互動，但她仍然保持著自主性，並且將陰性能量重新融入到自己身上；另一方面，婚神星則與陽性能量結合，這樣象徵性的結合，完整了曼陀羅的陰性表述。

小行星中心

因此，這四顆小行星——母親穀神星、女兒智神星、姊姊灶神

星與妻子婚神星——象徵從生育能量載體的金星（維娜斯·阿芙蘿黛蒂）所衍生出的四種主要活動與角色，而其生育能量又源於月亮，我們最初陰性能量的泉源。

　　小行星意識中心的覺醒，也影響了男性和女性的意識，過去，陰性能量一直被侷限於刻板印象中，這些由社會所決定的傳統角色，界定了男性與女性，也限制了他們能夠展現的範疇。舉例來說，穀神星代表的是人類心理上的母職，在男性和女性身上都能表露其功能（女性和男性也具有父職功能，由土星所象徵），而在一九六〇年代之前，女性唯一能被接受的母職形式，是作為全職母親和妻子，她待在家裡、照顧家庭，以及把家人的情感需求放在第一位；而對男性而言，唯一能被接受的父職形式，是出外闖蕩而且變得成功（例如賺錢），他帶回物質財富，並將榮耀歸給妻子和孩子。

　　這些人類（男性和女性）所具備的功能，已經在性別刻板印象下呈兩極分化的傾向；女性大多展現穀神星的面向（作為母親），而將土星的面向投射到男性身上，男性僅展現土星的面向（作為父親），而將穀神星的面向投射到女性身上；也同樣地，女性大多展現由婚神星所象徵的面向，即伴侶關係中的情感承諾與照料，而留予男性在太陽與木星所代表的外在世界裡，有更多的表達空間。

　　迄今，穀神星和婚神星主要關注於情感與關係，而灶神星和智神星則更關乎個人成就，其部分的原因，是因為穀神星和婚神星需要

藉由另一個人（孩子或伴侶）來傳達自己的意義，而灶神星和智神星並不需要透過他人便能表達自我。由此看來，女性的成就感，除了母親和配偶之外，透過灶神星和智神星可以獲得更多的自我展現。

　　隨著現下小行星意識中心的覺醒，女性正逐漸突破刻板印象的限制，進而擴展陰性能量的表達範疇；於男性而言，這些意識中心的活躍，使他們越來越難以繼續壓抑或投射陰性面向。這股能量正訴求著從其封閉的內在結構中釋放出來，彰顯出對男性而言全新的個人課題。下述表格有助於區分：

	穀神星	智神星
陰性功能	創造、支持、維持生命後代、身體的滋養——食物	創造心智產物、精神的滋養——願景
女性角色	母親	女兒
女性原型	待在家中廚房做飯的「母親」、打掃屋宅、照顧家庭、為小孩或透過小孩而活	無性戀的友伴／朋友、亞馬遜：「陽剛的」、男人婆、職業婦女 小女孩：支持丈夫成就的幕後功臣、「爸爸的小女孩」
男性與女性於表達陰性能量的替代方式	兒童教師與兒童教育工作者 兒童服務、捍衛選擇權（支持墮胎）與捍衛生命權（反對墮胎）的議題 助產與人道分娩 農業、園藝	才能、藝術創作、智力的發展 教育與職業的潛能 政治與社會意識、男性／女性角色類型的去極化 愛與創造力的整合

（接下表）

	穀神星	智神星
男性與女性於表達陰性能量的替代方式	與食物相關的服務、營養、健康意識 出於個人意識選擇成為單親家庭 世界飢餓與救濟組織 死亡、臨終、臨終關懷工作	
生命的神奇實踐	轉化與死亡的儀式 女人的血液奧祕——月經、停經、初潮	創造性觀想、儀式與儀禮 心靈發展
如何活絡與運用個人的小行星中心與陰性力量（特別是男性）	更多地參與生育過程／養育子女／分享子女的活動 積極地發揮養育者的角色（相對於被養育者而言） 培養同情／接納／同理的態度 單身父親的議題與責任	培養想像力／創造力 將情感關懷的價值觀與世俗成就整合起來 培養對教育、保健與所有領域的全面理解

	灶神星	婚神星
陰性功能	自我更新與再生 與內在的自我結合	關係的更新與再生 在外部世界與他人結合
女性角色	姊姊	妻子
女性原型	老小姐／獨身／工作狂／狂熱的修女與祭司	妻子是將經濟責任與決策權交給丈夫的婦女 一對一的關係、一夫一妻制、異性關係 將丈夫視為其身分、成就的唯一／主要來源

（接下表）

	灶神星	婚神星
男性與女性於表達陰性能量的替代方式	對事業、思想、信仰體系的承諾（對女性而言，除了作為妻子與母親的家庭責任之外） 靈性／奉獻之途 體認到須定期地從外部世界閉關的價值並積極實踐 從性禁忌與性情結中解放 致力於「自我」——健康與健身的整合	消除自我分離的幻覺，「我不需要別人」的態度 倡導女性在經濟／政治／教育／體育領域的權利 擴大親密關係的範圍，男／女同性戀 切斷關係中的嫉妒與依戀 創造新的關係形式
生命的神奇實踐	創造性觀想、儀式與儀禮 心靈發展	譚崔性愛的實踐
如何活絡與運用個人的小行星中心與陰性力量（特別是男性）	學會認知到性只屬於自己，他人皆無權干預 體認「內在的生活」 培養對性方面的非批判態度與道德觀 培養對性的敏感度與取悅伴侶的技巧	家庭主夫 適應變化中的女性角色、關係規範的能力及意願 接受平等的觀念／工作／女性產出的價值（除了性／食物／生理舒適之外） 培養對性的敏感度與取悅伴侶的技巧

① Carl G. Jung, "Mandala Symbolism" (New Jersey: Princeton University Press, 1972), M.73.

② Esther Harding, "Woman's Mysteries: Ancient and Modern" (New York: Harper and Row, 1976), 105.

③ New Larousse Encyclopedia of Mythology, trans. R. Aldington and D. Ames (New York and London: Hamlym Publishing Group, Ltd., 1983), 130.

④ For more on this concept of virginity, see Esther Harding's Woman's Mysteries, "The Virgin Goddess" (New York: Harper and Row, 1971).

⑤ Christine Downing, The Goddess: Mythological Images of the Feminine (New York: The Crossroad Publishing Co., 1981), 190.

⑥ E. O. James, The Cult of the Mother Goddess: An Archeological and Documentary Study (New York: Frederick A. Praeger, Inc., 1959), 147.

⑦ Jung, Mandala Symbolism, 72.

第四章

穀神星：大母神

★

此刻容我讚頌

迪米特，

敬慕的女神，

挽著絲絲秀髮，

伊人

她的愛女

赤著纖纖玉足，

讓艾多紐斯

劫去，

宙斯

深謀遠慮

用他低沉的雷鳴

默許。①

——荷馬

希瑞斯的神話

穀神星——羅馬女神希瑞斯（Ceres），最初被古希臘人稱作狄米特，她的名字源於古老的稱謂 *da mater*，意為大地之母。在奧林匹亞的萬神殿中，希瑞斯是薩圖恩努斯（Saturn）和雷亞的女兒，希瑞

斯與她的姊妹維斯塔、朱諾，以及兄弟朱庇特、涅普頓和普魯托一起被父親吞下，在朱庇特戰勝薩圖恩努斯和泰坦眾神（Titans）後，這些神祇獲得釋放，並成為統治古希臘的家族。

隨著時間的推移，希瑞斯不僅生活在天界，也與人們生活在土地上，她賜予人們兩樣禮物：穀物和厄琉息斯祕儀。② 作為農業與收成女神，希瑞斯象徵餵養與供應人們耕作的肥沃土壤；因此，她被奉為滋養萬物的母親，頭戴由玉米穗和麥穗編織的花冠，一隻手握著穀穗或罌粟花，另一隻手握著點燃的火炬。

然而，作為對閨女柯瑞（Kore）／波賽鳳妮全心奉獻與慈愛的母親，希瑞斯在希臘人心中佔據了最重要的地位，她們的故事——波賽鳳妮被普魯托劫持到冥府、希瑞斯承受了悲痛和煎熬，以及她為了與女兒團聚而尋找的過程——成為古代世界重要的神話之一。這段失落與復得的劇情，在近兩千年裡（西元前一六〇〇年至西元四〇〇年），作為厄琉息斯祕儀的啟蒙儀式而被重演。

希瑞斯與波賽鳳妮的故事

很久以前，希瑞斯和她心愛的女兒波賽鳳妮一塊兒在大地上遊蕩，她們彼此相伴過著幸福的日子，並賜予大地永久豐收的季節，在這個黃金世紀（Golden Age），世上無虞匱乏，亦無寒冬。

波賽鳳妮遇劫

波賽鳳妮長大後，出落得如母親一般秀麗，深受男性和眾神的渴望；然而，母女之間的愛是如此強烈，她們不願意與對方分開，因此所有追求者都遭到拒絕，並被打發離開。

有一天，波賽鳳妮離開了希瑞斯的視線，和她的同伴一起漫步到倪薩（Nysian）的田野間，在那裡，她無法自拔地被數百朵美麗芬芳、盛開的水仙花所吸引，當波賽鳳妮摘下水仙花，吸入醉人的花香時，地面突然裂開，迸出了一道深淵，冥界之神普魯托從中現身，他對波賽鳳妮的美貌覬覦已久；普魯托乘著他那由四匹呼嘯的黑馬拉動的金色耀眼戰車，抓住了尖叫的少女，將她擄回死亡國度，成為他的新娘和皇后；裂開的土地隨即癒合，沒有留下一絲證據。

當希瑞斯回到恢復平靜的草原，卻遍尋不著女兒的蹤影，她在田野和山林間奔馳，呼喚著波賽鳳妮的名字，當她意識到沒有人知曉女兒的下落，她的焦慮轉為絕望和恐慌。整整九天九夜，她悲痛欲絕，拒絕進食和沐浴，手持熊熊的火炬在大地上徘徊，四處找尋女兒；直到第十天，遇見闇月女神黑卡蒂（Hecate），建議她去向太陽神先知赫利俄斯（Helios）請益。

希瑞斯從赫利俄斯得知了普魯托的劫持，而他的兄弟宙斯（Zeus）竟默許了此次的行動，宙斯似乎認同普魯托是值得託付的丈

夫,也樂見波賽鳳妮成為統治冥界的皇后。一聽到這個消息,希瑞斯憤怒地扯下頭上的花冠,換上喪服,對於宙斯的背叛,她滿懷憤恨,從奧林帕斯山撤離,避開臣服於宙斯的諸神同夥,她掩飾自己的真實身分,假扮成一位服喪的老婦人,在人類的城鎮裡尋求庇護。

希瑞斯在厄琉息斯

經過好長一段時間,心力交瘁的希瑞斯來到一處名為厄琉息斯(Eleusis)的小鎮尋求庇護,在那裡的井邊,遇見國王刻勒俄斯(Celeus)的四個女兒,她們邀請她一起回到宮殿。在宮殿中她遇到皇后莫塔涅拉(Metaneira),莫塔涅拉歡迎她這位陌生人的來訪,並將小皇子德摩豐(Demophoon)交由她照顧。

在希瑞斯的照料之下,孩子如神一般地成長茁壯,她期望小王子能像波賽鳳妮一樣永生不朽,白天在他身上塗抹神油,每晚再將他放在火爐的餘燼中,以燒盡他的凡人身軀。一天晚上,莫塔涅拉皇后發現希瑞斯將小王子置於火焰中,驚恐地尖叫,希瑞斯試圖賦予孩子永恆的青春,卻因受挫而心生憤怒,把小王子從火中抓出來扔到地上。她隨後揭露了自己的女神身分,並下令為她建造一座神廟和祭壇,讓凡人可以在此處瞻望她的儀式以得到啟蒙,以及敬拜她。

波賽鳳妮的歸來

此刻,希瑞斯隱居於神廟中,在那裡繼續為她失去的愛女哀悼,

在希瑞斯的悲憤中，她讓人們度過殘酷而可怕的一年：大地拒絕生長任何農作，地上的穀物萎敗，樹上的果實腐爛；如果這位生育女神必須在沒有孩子的情況下生活，那麼人類也將遭受飢荒和挨餓。

絕望之際，大地上的人們祈求宙斯居中調停，宙斯因此意識到，若人類滅絕，將不再有人敬拜神祇。於是派遣伊麗絲（Iris）將希瑞斯召回奧林帕斯山，希瑞斯拒絕前往；而後每位神祇都向希瑞斯獻上禮物，懇請她手下留情，但她一概回絕。唯有女兒被釋放，她才會罷休。

宙斯無計可施，只得指派荷米斯（Hermes）下到冥府，命令普魯托釋放波賽鳳妮。波賽鳳妮冷若冰霜的美貌下，也隨母親哀悼，拒絕任何飲食，普魯托出於狡詐的善意，同意釋放波賽鳳妮，但先誘騙她吃下幾顆石榴籽來緩解口渴；由於石榴是圓房的象徵，波賽鳳妮的允諾，使得她與他的婚姻關係牢不可破。

返回光明世界後，波賽鳳妮在厄琉息斯開心地與母親團聚，希瑞斯立刻詢問女兒，在冥府是否食用過任何死者的食物，當波賽鳳妮透露了事情的始末，希瑞斯這才明白自己被欺騙了，她的女兒仍然是普魯托的囚徒；她再一次拒絕解除對土地的詛咒。

為了阻止希瑞斯和普魯托毀掉他所創造的世界，宙斯在母親雷亞的幫助下，要求他們妥協讓步，他下令：波賽鳳妮每吃下一顆石榴

種子，每年就需要花一部份時間作為普魯托在冥府的新娘；而剩下的幾個月，可以和母親一起在大地上度過。

於是，每年春天波賽鳳妮會出現在地面上，與希瑞斯相聚，讓大地變得豐饒，種子萌芽、百花綻放、植物茁壯，而庄稼佈滿田野；隨後邁向夏天，大地欣欣向榮；直到秋天來臨，波賽鳳妮必須回到普魯托的冥府。在女兒離開之後，希瑞斯將悲傷的手覆蓋於大地，使其變得貧瘠，荒蕪將持續整個冬天，直至下個春天波賽鳳妮的歸來。

因此，大地每年循環著蓬勃和死寂，如希瑞斯為波賽鳳妮的歸來而歡喜，為波賽鳳妮的離去而悲泣。從外顯的意義來看，波賽鳳妮每年的消失與回歸，是一則種子於冬天休眠，直至春天萌芽的寓言，它向農民闡釋了季節的更迭；從內在的意義來看，這段劇情的重演，讓人們瞭解原型主題裡的失去與復得；而從厄琉息斯祕儀的啟蒙者所傳授的奧祕意義來看，這項儀式揭示了偉大的轉化奧祕——誕生、死亡和重生的周期。

在離開厄琉息斯之前，希瑞斯賜予國王和皇后的大兒子特里普托勒摩斯（Triptolemus）第一粒玉米種子，以表達她對這座城市的感謝；接著指示他將她神聖的農業技術傳給全人類；最後，她向厄琉息斯的人們傳授神聖的儀式，引領人們對她神聖的敬拜：

……因為對女神的敬畏而噤聲，祕儀既不可被透露，亦無

法聽聞，甚至不能大聲說出來。有福的是見識過這些儀式的世
間凡人，而未接受啟蒙以及無緣分享的人，將不能領受這樣的
祝福，死後只能置身於陰鬱黑暗的地底。③

　　這些儀式構成了厄琉息斯祕儀的核心，並成為古代世界的主要
啟蒙儀式：藉著讓信徒在塵世生活中穿越死亡和重生之間的通道，她
們解決了人類對於死亡的恐懼和擔憂；藉由種子的祕密，象徵著生命
以有形和無形的形式永恆存續。這樣的親身經歷，為參與者提供了
「保障生命能不畏懼死亡，並有信心地面對。」④

希瑞斯神話於古希臘時期的起源

　　上述源自西元前七世紀由荷馬撰寫的《狄米特頌》（*Hymn to
Demeter*），是希瑞斯神話最廣為流傳的版本；然而，也有其他的証
據顯示：希瑞斯／狄米特是大母神的共同原型，出現於近東和埃及地
區，而後遷徙至米諾斯（Minoan）的克里特島（Crete）和古希臘地
區。⑤ 在與這些地域文化相關的神話中，我們發現了偉大的生育女神
／母神這個一再出現的主題，例如蘇美的伊南娜（Inanna）、閃族的
伊什塔爾和埃及的伊西斯（Isis），她們進入亡靈的疆界，再回到生
者的土地，並且與象徵復甦的植物之神有關聯。

　　作為克里特島的大母神，希瑞斯參與了古老的生育儀式，這個
儀式是為了確保豐收而創建的：在秋分時節，她，身為穀物女祭司，

與她的情人雅西昂（Iasion）一同躺在已犁了三遍的耕地上，誕下了
大地的財富之神普路托斯（Plutus）；當大地受神聖婚姻的崇敬而繁
茂生長時，普路托斯便成了豐饒物產的象徵。

希瑞斯／狄米特的原型也透過埃及的伊西斯、海希奧德的蓋婭
（Gaia，在許多新世紀的著作中，被用來稱呼我們的地球）、米諾斯
的雷亞以及佛教中的度母（Tara）來呈現，她們在地球管理的領地也
由凡間擴展至陰間（她們都經歷過死亡並滋養了生命）。

荷馬的《狄米特頌》最後是透過描繪波賽鳳妮的強暴而聲名大
噪，這段後來補述的情節並未出現在較早流傳的版本中。從歷史的
角度來看，波賽鳳妮的強暴，象徵著父系文化（普魯托）與原生的
母系女神崇拜（由希瑞斯代表）之間的權力鬥爭，故事的最終結果
指出：由北方宙斯的擁戴者贏得了顯著的勝利，大母神不僅得坐視
女兒受人強暴和綁架，希瑞斯還被迫與敵人分享她心愛的波賽鳳妮；
因此，她不得不放棄一部分對生死祭儀的權力，而此一統治權最終
被完全奪去。

簡而言之，希瑞斯象徵滋養萬物的母親，我們的「穀物」
（cereal）一詞便是從她的名字衍生得來的。作為母親之神，希瑞斯
體現了神話中所象徵的生命延續；作為穀物女神，她賜予人類農業與
種子的祕密作為贈禮，使萬物得以生養繁衍。並且，希瑞斯作為執掌
奧祕的女神，在處理波賽鳳妮一事上，接受了死者的重生。

　　在原型劇情的框架下，厄琉息斯祕儀帶領她們的信徒經歷希瑞斯和波賽鳳妮的遭遇，從故事中經歷失去與復得：首先，故事被重述；接著，在小祕儀（the Lesser Mysteries）中，參與者體驗了故事情節的重現；最後，在大祕儀（the Greater Mysteries）中，他們得到一種視覺意象與啟發，即偉大的神話劇情在他們身上得到見證。這些儀式至今仍在進行，如心理治療師的報告所述：他們觀察到病患的夢境和幻想中，出現了古老啟蒙儀式的象徵。⑥ 由此可見，希瑞斯的通道儀禮（rites of passage）⑦，如今正作為心理轉化的階段，於內在層次中得到實踐。

穀神星——希瑞斯

希臘時期的狄米特

角色
農業女神與厄琉息斯祕儀的大地之母

無條件之愛的原則

占星符號：♀
鐮刀——農業的贈禮

象徵物
鐮刀／犁
裝滿麥穗或稻穗的豐饒之角

罌粟花——人類悲痛的慰藉

母豬

火炬

鶴鳥

相關的主管星座

巨蟹座

對宮星座：金牛座—天蠍座

處女座

極性

同理／憤怒

穀神星占星學

「進入穀神星的角色意味著：被追求、被綁架、被強暴；無法理解、憤怒和悲痛；最後卻找回一切而重生。」[8]

心理學當中，穀神星所掌管的幾項母親功能，其心理特質並無法以單一黃道星座來表述。關於穀神星如何在星盤中發揮作用，筆者經過多年的觀察得出了結論：**由巨蟹座、金牛座—天蠍座以及處女座來描述穀神星的屬性最為適切**。作為巨蟹座的主管行星，穀神星陳述的議題是：我們如何給予與接受滋養、我們如何發展自我價值、我們

如何供養與照顧他人，以及如果這些需求得不到滿足時，我們是如何神經質地做出回應；作為金牛座—天蠍座這組對宮星座的主管行星，穀神星掌管著依戀與嫌惡（aversion）的課題、失去與拒絕的病徵、悲痛與憂傷的承受力，以及分享的準則；作為處女座的主管行星，她談及生產力、成長、自給自足和工作的議題。接下來，我們會對這些歷程做更深入的探討。

穀神星作為巨蟹座的主管行星

穀神星：宇宙之母

穀神星作為巨蟹座的主管行星與母性本能，主要象徵著滋養和照顧他人的需求，這樣的渴望最經常透過成為母親或父親來實現。穀神星型的人會強烈感受到自己需要成為父母，去滋養、撫育和供養他們的孩子；穀神星的流運和推運就像是計時器，標示著懷孕和孩子誕生，受孕、分娩過程以及養育的困難時刻。作為供養者，穀神星在生理（她供應糧食和住所）、情感（她給予愛和支持）和精神（她提供指引和智慧）層面上滋養他人。

作為母性功能的象徵，星盤中的穀神星描述了我們小時候得到的母愛體驗，以及我們成為父母時會表露的母愛品質。雖然養育者通常為生母，但實際上可以是任何一位家庭成員——父親、祖父母、姑姨、叔伯和親近的家族友人，或是寄養父母／繼父母／領養父母；

無論是誰，只要對孩子的養育與早期發展階段負起主要照顧的責任，他便會表現出穀神星的原型。

作為生育和農業女神，穀神星象徵著滋養萬物的大地之母。嬰兒對愛和安全感的第一次體驗，來自於母親的餵養，透過接受食物形式的愛，孩子培養出自己值得被滋養的感受，進而為個人的自我價值奠定了基礎；因為這些早期經驗，會成為成年後良好的自我接納和自尊的根基，而如果穀神星的母愛缺失或匱乏，在往後的歲月可能會發展為不良的自我形象和自卑。這裡需要留意的是：孩子對於自身的養育的經驗認知和解讀，和實際的養育情況一樣重要。

理想情況下，母親或養育者所傳達的愛，其類型是無條件的——即不期望回報；當情況並非如此，穀神星在星盤中的狀態會點出，孩子需要做些什麼才能得到父母的愛和認可。如果持續以某些條件作為基準來給予愛與認同，他們會感覺自己是不值得被愛的。舉例來說，一個穀神星在白羊座的孩子，經由被賦予獨立來獲得養育，這種需求的扭曲可能發生兩種情況：第一、過於強勢的父母可能會剝奪孩子的自主權，在這樣的例子裡，孩子會透過否定自己的果斷力來應對；第二、孩子可能在尚未準備好承擔責任之前，就被逼著要獨立自主，從而產生恐懼和自我懷疑。無論是何種狀況，孩子的獨立需求都沒有獲得充分的培養，因而阻礙了自我主張的能力發展。

以穀神星之愛作為愛人的基礎

　　愛自己的能力源於正向的穀神星母愛，而孩子對母愛的接受能力也會產生愛他人的能力，並為他人的成就感到喜悅；在穀神星能量被扭曲或者不足的情況下，孩子會變得自我否定而不是自我接納，因而以苛刻和批判的態度對待他人，以及對他們的成就感到憤恨。佛教哲學教導我們：要治癒這種態度，必須培養對人的慈悲心，而對他人的感同身受即源自母愛的經驗。如同這個信仰體系所教導的，經歷了無數次輪迴，那些此生與我們相遇的人，都是我們曾經養育過，或是養育過我們的人，因此，我們必須永遠銘記並榮耀我們的母親，她藉由愛他人與接納他人，展現她在包容、養育和支持上無以計量的付出。

　　從占星學的角度來看，這種從個人情愛走向宇宙大愛的演化，是由三個水象星座——巨蟹座、天蠍座和雙魚座所象徵：與巨蟹座相關的初始階段是無條件的母愛，它使人產生強烈的自我價值感；當這股自尊心運作時，個人便能成功進入第二個水象星座天蠍座，進行更複雜的性以及渴望有回報的互動；這種在一對一關係中與另一方結合的能力，為第三個星座雙魚座所發展的全人類之愛提供了基礎。

　　如果這個過程因故被中斷了，會出現什麼情況呢？這種情況發生於一九三〇年代，孩子們開始在醫院裡集體出生，於是，他們被阻

絕了最初由母親抱在懷裡和照顧的穀神星印記:他們在強光的照射下被打屁股,被安置在無菌的嬰兒床上,並以裝於橡膠奶瓶的糖水作為食物;這種最初親密連結的受拒經驗,是導致這一代的人對於人際關係感到困難和受挫的主要原因之一。

　　但是,穀神星基礎薄弱的人,並不代表注定會孤獨,或者陷入不如意的關係。為了療癒孤獨或抑鬱(兩種常見的穀神星病症),他或她應該尋求諮詢以建立自尊,從而為將來的良好互動立下基礎;然而,這些關係並不僅限於異性間的往來,事實上,穀神星的母愛可以透過各種形式給予和接受,像是同性戀者、男性與女性的支持團體,或者相互滋養的柏拉圖式情誼。

穀神星的心理情結

　　因為穀神星執掌著整體的為母經驗,也掌管許多由負面的、早期父母的狀況所導致的心理問題,在這裡我們摘要列舉這些最重要的情結,以提供讀者進一步探討與研究占星學的方向。

消極情結

　　當孩子經驗到的穀神星母愛,大多是有條件才能取得的話,他們會以達成父母的期望,或使父母失望作為回應。在後一種情況下,孩子屢屢受挫的經驗,經常會萌生出「何必呢?」的態度,因此,當面對一項困難的或具有挑戰性的任務,他們會自問:「我知道自己不

可能成功，那何必去嘗試呢？」這種失敗主義的態度如果延續到成年後，可能會產生一些心理情結：害怕競爭、無力採取行動和長期的無力感與依賴感；過度補償的行為也可能表現為，僅僅為了自我滿足，而強迫自己必須優於他人。

飲食情結

由於穀神星執掌著人體機能的照護與餵養，也掌管所有類型的飲食情結和飲食障礙，因此，自穀神星星曆在一九七三年出版以來，人們對這些過去受到忽視的飲食失調投以極大的關注，這並非偶然。

希瑞斯對於女兒被綁架一事感到憤怒，她停止地球上所有的糧食生產，以此懲罰她的敵人，因此，穀神星的衝突相位經常指出，父母透過扣留食物來處罰孩子，例如讓孩子不吃晚餐就上床睡覺，這種社會公認的育兒方式，為許多與食物相關的疾病埋下了根源。厭食症（飢餓）和暴食症（過度進食）這兩項疾病，被醫師和治療師認為是當前流行的病症，這些疾病的心理根源顯然與穀神星有關——打心底認為自己不值得、卑微的自我形象，以及必須達成父母所設定的完美標準。

這些情結以一種不那麼危害的方式，影響著數百萬計的女性，對她們來說，強迫自己節食已經成為一種生活方式；幸運的是，這些

失衡行為的補救辦法也可以在穀神星心理學中尋獲——培養對自己和對他人無條件的愛。

當食物被當作愛與認可的替代物時，其他的飲食情結也會因而產生，下述兩項常見的指令便是食物策略的例證：「吃吧！這樣會讓我高興」、「如果你想吃甜點就把晚餐吃完」（鼓勵你的努力）。這類的制約條件，鼓勵孩子忽略自己身體的飢餓和食慾的本能，反倒以無視或違背身體的需求來回應外部的指示；這種無意識的制式化行為，是造成社會上許多人為過度飲食的強迫症所困的根源。

當一個人自我認同低落，必須用食物來隔絕他或她於外在世界的表現（性或其他外顯特質），最終，就會產生穀神星式的飲食障礙；故而，食物被用來保護一個人免於跟他人建立關係。穀神星顯然是所有跟體重和身形疾病相關的占星代表因子，穀神星與其他行星和小行星的相位揭露了更多的訊息，像是性格中的哪些面向容易感受壓力或陷入痛苦。

關係情結

穀神星的母親印記，在人類的心理留下如此深刻的印象，她的重要性也滲透到人際關係的領域。穀神星的衝突相位可以指出個人不願或無法提供滋養，或是不願在情感上支持他人；相對地，他們接受滋養的需求也經常遭到拒絕。

　　當穀神星位於星盤的第七宮，或者與金星、火星、婚神星形成相位，父母關係會成為未來成年後擇偶的榜樣。當孩子對愛的最初體驗是正面的，他們將能經驗相互扶持的愛情關係；然而，當孩子認為母親或「養育者」是霸道的、掌控的，或令人窒息的，孩子將設下防禦機制來阻擋父母的負面影響力，這種對於接受滋養的抗拒，將會投射到成年伴侶的身上。

　　舉例來說，星盤中有穀神星衝突相位的男性，往往一開始會被那些表現出滋養和撫慰特質的女性所吸引；然而，隨著關係的進展，早期制約下的潛意識開始浮上檯面，使男性不得不與隨之而生的依賴進行抗爭，而如母親般富有同理心的妻子，則以苛求和控制的行為來經歷自己的黑暗面，通常女性獲得影響力的方法來自食物，即「想抓住男人的心，先要抓住他的胃」。同樣地，星盤中有穀神星衝突相位的女性，通常會吸引有父愛特質的男性來支持與保護她們；但很快地就會發現自己變成「爸爸的小女孩」，被囚禁於如波賽鳳妮般的孩子身分當中。

　　顯然地，要在我們的人際關係中展現心理健全的穀神星，關鍵在於對我們的伴侶存有母性的關懷，同時也支持對方的獨立與自足；反之，當我們展現滋養是為了滿足權力和控制的需求，或是達到某種目的時，穀神星的母愛會變得神經質且自我挫敗。

親子情結

> 「每個母親內心都蘊含著女兒，每個女兒內心也蘊含著母
> 親；每個女人都是自己母親與女兒的延伸。」⑨
>
> —— 卡爾‧榮格

　　穀神星是未竟的祕密心願、夢想、焦慮、恐懼和幻滅的代表
因子，並會經由母親移轉給孩子，這些訊息並非透過言語或行動來
傳達，而是潛移默化地透過父母與後代之間無意識的情感紐帶來傳
遞。⑩這種紐帶往往成為一種渠道，父母的願景和抱負（或者恐懼和
不足）被投射到孩子身上，然後將孩子視為自己的延伸。因此，當占
星師遇到懷有這類親子情結的穀神星型客戶時，應該建議他們做治療
諮詢，以使客戶擺脫共生依賴關係。

　　在我們為穀神星作為巨蟹座主管行星的分析進行總結之前，需
要強調一個重要的觀點，如果閱讀本書的你是一位占星師，你或許
會自問：「穀神星的定義和月亮有什麼不同？」答案很簡單。就某
方面來說，穀神星和月亮之間的確存在著對應關係，因為月亮代表
了在穀神星和另外三顆小行星外圍形成的母體，但是，**穀神星和月
亮更具體的區別，是她作為母親的陰性角色；因此，星盤中的穀神
星提供了關於母親功能的額外資訊，而這些資訊無法單從月亮星座
的分析中獲得。**

穀神星作為金牛座
—天蠍座對宮星座的主管行星

穀神星與金牛座和天蠍座黃道對宮之間強大的對應關係，可以從四個不同面向來觀察：

（1）月亮，作為穀神星之「母」，入旺於金牛座；穀神星是農業女神，她將月亮的能量落實於物質層面，創造了肥沃的土地（金牛座）。

（2）穀神星的厄琉息斯祕儀由一位被稱為顯靈祭司（Hierophant）的神聖祭司所主持；*Hierophant* 也是塔羅牌中的教皇牌卡，對應於占星學的金牛座。

（3）在她的神話中，穀神星的對手正是金牛座的對宮星座—天蠍座的主管行星，冥王星。

（4）佛陀在金牛座—天蠍座的滿月期間，誕生、頓悟成道與死亡，他的傳法著重於依戀（金牛座）、死亡和放手（天蠍座）的議題；在被迫要放下對女兒的依戀以及對死亡儀式的執掌權，穀神星的故事也同樣闡述了金牛座—天蠍座的主題。

綜合以上四點，作為金牛座—天蠍座對宮星座的主管行星，星盤中的穀神星描述了依戀、分離與失去的心理經歷、死亡與重生、悲痛與哀傷的承受力，以及必須學習如何分享。她的神話包含了穿越這些死亡與重生之路的指南。

依戀與分離的課題

對於星盤中穀神星顯著的人來說，如何轉化對摯親的依戀，以及如何轉化對重視的物品或想法的執念，會成為他們生命中重要的一課。也許他們被父母所依賴，或是他們試圖佔有自己的孩子；然而，我們的宏觀宇宙始終致力於維持平衡，強烈的依戀會招致更激烈的事由和情境，使他們與渴望的對象分離，因此，執著於依戀，會產生無法依戀的課題，這也確實是希瑞斯與波賽鳳妮的經歷：希瑞斯不願給予波賽鳳妮自主決定的自由，而波賽鳳妮對母親有同樣強烈的依戀，她不自覺地引來了強暴與綁架。

在希瑞斯被迫與女兒分離後，她停止生產人類維生的糧食作為報復，因此，穀神星的陰暗面也象徵了被拒絕的經驗，以及中斷維生所需的養分；也因此，當穀神星在星盤中被突顯，或與冥王星有相位時，分離可能會成為此人生命中一再出現的主題。這類剝奪的例子包括：因為死亡、被拋棄、被遺棄或疾病而失去父母；因為死亡，監護權被判給另一方或者另一州，或因綁架而失去孩子；或失去寵物；以及從一段關係、工作或安全的環境中離開。

此外，人們對於虐待兒童、亂倫，以及兒童性騷擾相關行為的關注度也日益提高，這也和波賽鳳妮被普魯托綁架以及後續受其侵犯有關。

即便沒有發生實際的損失，穀神星—冥王星類型的人也可能在潛意識中害怕被所愛的人拒絕、截斷（cut off）或分離而為此所困。這種焦慮也會順理成章地引來加深負面發展的情境。因此，這類型的客戶應當進入更深層的療癒，以解決與平復他們根深蒂固的恐懼。

在失去孩子後，希瑞斯陷入了好長一段時間的悲痛與哀傷，因此，**穀神星的流運往往描寫了我們哀悼失去的摯愛，或者任何與我們有情感連結的事物**（一份工作、一段關係、家庭、雪茄或酒精）；在神話故事裡，希瑞斯經歷了悲痛過程的各個階段——震驚、沮喪、內疚、憤怒到最後的接納，故而，她為我們自身的失去與轉化提供了一個隱喻。

穀神星必須經歷也最為重要的階段是**憤怒**，憤怒提供人們力量，以掙脫停滯不前的哀傷困境，所以，在為深陷悲痛的穀神星客戶進行諮詢時，占星師必須提供他們一種健康的方式去表達憤怒：原始的尖叫療法、生物能量療法、冥想，甚至是高強度的身體鍛鍊，都可以打破禁錮的能量，讓人們繼續往前走，如此，他們就能恢復正常的生產活動。身處於這個當我們經歷失去時，還鼓勵我們要壓抑悲傷和憤怒

的社會裡，此一過程尤為重要；不過，這些破壞能量，倘若沒有透過正常的管道抒發，最終可能會引發慢性憂鬱症（一種穀神星客戶常見的抱怨），或是透過心臟病和癌症等退化性疾病表現出來。

穀神星所經歷的苦難是神聖的，透過她的痛苦與哀傷使我們蛻變，那些通過穀神星啟蒙儀式的人，會變得更為平和、更堅強、更深沉，以及更有同理心。作為季節循環的掌管者，穀神星還教導人們：傷痛，猶如冬季，是變幻無常的，會隨著時間的推移而流逝；或者，就像上帝告訴約伯：「你必忘記你的苦楚，就是想起，也如流過去的水一樣。」⑪

死亡與臨終

波賽鳳妮被劫持到冥府，是一個「我們都會墮入絕境的隱喻——潛入無意識中的黑暗與驚駭，置身於被拋棄和死亡的恐懼。」⑫身為厄琉息斯死亡祕儀的導師，穀神星掌管我們對於充分理解死亡過程的需求，從而解決我們對於死亡的恐懼。從占星學進入人類心理，她重新喚起人們對死亡與臨終的關心，這一點從東方輪迴教義的重新探索、「死後的生命」這類書籍的大量出版，以及出現為末期病患設立的臨終關懷所，都能清楚地驗證。

在為死亡那一刻做準備時，人們必須藉由放手的過程，每天學著去體驗「輕微的死亡」，儘管放手一開始可能顯得十分嚇人，實際

上卻是活著／死亡／重生循環的必要環節。在轉化的過程裡，沒有任何新的事物能夠重生——直到舊的事物率先死去，因此，每當我們對於已完成階段性任務的某個人、某項事物或某些情景緊抓不放，我們只是在阻礙自己去體驗新生的豐饒。從這點來說，穀神星的流運將無可避免地表示我們必須面對瀕死的恐懼，從而理解穀神星—天蠍座的死亡奧祕——放手是重生的前奏。在適當的準備下，這個配置也可能指出，進入引導臨終患者度過死亡的工作。

穀神星作為分享的準則

在古老的神話裡，希瑞斯被描述為大母神，她對於生育和養育有著得天獨厚的掌控權，男性則以強取的方式參與，造成了嚴重的失衡。從這個角度來看，普魯托強暴和綁架希瑞斯女兒的粗暴舉動，也許不會被視為惡行，而是打破希瑞斯獨佔孩子所需的催化劑；因此，普魯托的訊息本質，是呼籲希瑞斯分享由陽性和陰性能量結合誕下的後代，當希瑞斯和普魯托同意分享他們的妻子和女兒波賽鳳妮時，這一點確實實現了。

從占星學來看，星盤中有強烈的穀神星—冥王星相位的人，一生中經常會碰到有關分享孩子的課題，為了保有對孩子的控制權，這些人往往會陷入難堪的監護權鬥爭之中，而穀神星的流運會標示此類事件的時間點；然而，無論其中一方的伴侶有多想要孩子，唯一明智的解決方式就是效法穀神星和冥王星：分享後代。否則，不願分享的

伴侶，無疑會招致下述情況之一：由某一方獨自擔負孩子的責任，但缺乏必要的經濟和情感支持；抑或，某一方完全被剝奪與孩子的接觸（透過監護或綁架）。

穀神星以同樣的方式教導我們，分享我們的心智小孩——我們的創意、方案和創作——而不是嫉妒地看管他們，希望別人不會分走這份功勞；強烈的穀神星—冥王星連結也暗示著需要**分享**與**授權**。

以全人類的角度來看，穀神星使人們意識到——各國人民之間需要分享食物，因此，在過去十年裡，我們看見了飢餓計畫（Hunger Project）和各種糧食活動，嘗試將食物從較富裕的國家重新配送到較貧窮的國家。

穀神星與重生

穀神星所傳授的祕義：死亡是通往重生的大門；失去是種必然，以便迎來新的事物，穀神星路途的盡頭，存在著重生、再生的希望，以及永恆回歸的承諾。

穀神星作為處女座的主管行星

生長與生產

穀神星的象形符號——穀物女神手持一株稻穗，頭戴麥穗／稻

穗的花冠；這個圖像的確與處女座的貞女形象完全相同，這種視覺上的對應，描述了這兩位大地女神之間強烈而密切的關係。

作為巨蟹座的主管行星，穀神星提供食物來傳達愛與接納。作為處女座的主管行星，生養萬物的母親給予的食物，變成實質上建立、維持和修復細胞結構的身體養分，而養分的滋潤促進了生長，使個人能夠發揮產能（處女座屬性）。穀物女神賦予人類農業的贈禮，在處女座的豐收時節，穀神星運用土象星座金牛座的資源，以生產和分配對人類重要的維生食物；故而，星盤中的穀神星是所有涉及食物的生長、分配、準備和服務職業的象徵星（因此，許多農夫、廚師和服務生的星盤中都強化了穀神星／處女座能量）。

穀神星的母性關懷，乃透過灌輸個人對身體健康和衛生保健的關注，來確保身體機能的正常運作；穀神星也點出了食物的療癒用途。因此，穀神星—處女座類型的人會受那些採用維他命、節食和草藥的治療技術所吸引。在醫療占星學中，由於巨蟹座掌管胃部，而處女座掌管腸道，因而穀神星相關的疾病包括：消化不良、腸胃道疾病和營養吸收困難。

穀神星與高效運作

穀神星透過供給身體養分和維持體格，賦予人們工作的能力，這種能力結合處女座的高效運作，產生一種以強烈的基礎能力和自立

為特徵的人格類型,這些人經常會致力於某些卓越的標準,或是專精細節的職業。

當這樣性格的人成了父母,就會轉變為超人媽媽或超人爸爸——強大、全心全意、有能力和可靠的父母,這樣的人認同父職與母職——供養者和哺育者——為確保後代的生存,會盡一切必要的努力。因此,穀神星進入占星學領域(一九七三年)以來所對應的是:出於個人意識而選擇成為單親家庭的人明顯地增加了。

例如,現在某些女性選擇以不進入親密關係或不婚來成為母親,她們決定在不通知生父的情況下懷孕,並獨自撫養孩子;基因工程和人工授精領域的蓬勃發展,進一步降低了女性為了生兒育女而進入關係的需要。另一方面,越來越多的男性覺得自己有能力獨自承擔養育後代的責任,這促使許多人在分居關係中申請對子女的單獨監護權、領養孩子,或在配偶工作時留在家中照顧孩子(例如:約翰・藍儂的穀神星和月亮呈四分相)。

因此,星盤中顯著的穀神星,代表一個人可能有意識地成為一位稱職的單親父母。

穀神星與工作

穀神星於處女座的表現,描述了工作的技能和才能(從社會

學來看，處女座掌管勞動階級），穀神星象徵對勞動者、社會服務
組織、勞工組織和勞工生產力的關注，這也反映在國民生產毛額
（G.N.P.）。在穀神星極度憤怒的情況下，她停止了土地的所有生
產，因此，她掌管罷工和其他「拒絕工作」的表現方式。

由此可見，無論是本命星盤，或近期流運穀神星的困難相位，
都可能點出：沒有能力工作或保住飯碗、因殘疾而無法工作、長期失
業，或成為職業災害補償的受益者。當這種情結走向極端，當然也會
有完全沉迷於工作的狀態，因此，穀神星／處女座的原型，搭配星盤
中其他的代表因子所給予的暗示，可以顯示此人是個工作狂，或是個
專職遊民。

穀神星的周期本質指出：理解工作和休息的輪替——耕種有時，
休耕有時，重新耕種亦有時；因此，具有穀神星健全表現的個體，能
習得兩者兼顧的智慧，既有認真工作的時候，也有放鬆玩樂的時刻，
如此一來，就能獲得工作和生活的平衡，避免掉入「燃燒殆盡」或者
「半途而廢」的陷阱。

穀神星的玄祕教義

死亡之途

穀神星帶給了古希臘人厄琉息斯祕儀，指引了啟蒙者經驗死亡

之途的轉化過程，而這些儀式是從埃及的伊西斯崇拜流傳下來的。

血液奧祕

穀神星作為死亡女神，扮演著接受死者重生的母體，重生的入口是透過子宮；因此，穀神星作為母親，她的血液為受精卵和胎兒提供營養，掌管著女性的「血液轉化奧祕」。

第一個奧祕是月經，代表著子宮的成熟，女孩開始具備成為母親的能力，在早期，女孩的初經是個值得歡慶的時刻；第二個奧祕是懷孕，從原始思維來看，懷孕意味著月經的停滯，轉而使胚胎成形並給予滋養；第三個、也是最後一個奧祕，母親的血液轉化為哺育孩子的乳汁，為食物轉化的原始奧祕奠定了基礎。⑬

在最早供奉給大母神的祭品中，所獻祭的是經血，而不是人血，當祕傳的教義受到貶低，獻祭的經血就被人類和動物的血所取代。時至今日，密教所祕傳的教義仍然相信，經血和精液是真正的靈丹妙藥，可以使人返老還童和獲得開悟，諷刺的是，地獄天使（Hell's Angels motorcycle club）的入會儀式仍舊延續這樣的傳統：要成為會員，初入會的人必須「在女伴經期的時候吃掉她的經血」；他們卻幾乎沒有意識到──在古老的傳承中，這麼做是為了向大母神致敬。

總結

涵蓋以上的敘述，我們已經觀察到穀神星神話與心理學的深度和複雜性，穀神星的象徵意涵是如此豐富，以致於她對應著黃道中兩個土象和兩個水象星座。在星盤解析的篇章中，我們會更精確地探究大母神如何在星座、宮位以及與其他行星的相位中表現自己。

穀神星的心理主題

無條件的愛與接納的原則
養育與關懷 · 自我形象 · 自我價值 · 自尊 · 愛的母體

失去的病徵
拒絕 · 遺棄 · 悲傷 · 煎熬 · 憤怒

依戀與嫌惡
試圖維持對孩子、財產或創作物的單一控制

分享與放手的原則

轉化的主題
誕生 · 死亡 · 再生周期 · 死亡與臨終 · 臨終關懷工作

單親育兒與責任

與自然和地球能量的關係

生長、生產力、工作與高效運作

玄祕主題

死亡之途 ‧ 血液奧祕

---

① Homer, "The Hymn to Demeter," The Homeric Hymns, trans. Charles Boer (Irving Texas: Spring Publications, 1979), 89.

② Jane E. Harrison, The Religion of Ancient Greece (London: Archibald Constable and Co., 1905), 51.

③ Carl Kerenyi, The Gods of the Greeks, trans. Norman Cameron (London: G. B. Billings and Son, Ltd., 1982), 240.

④ Carl Kerenyi, Eleusis: Archetype Image of Mother and Daughter, trans. Ralph Manheim (New York: Schocken Books, 1967), 15.

⑤ Joseph Campbell, The Masks of the Gods: Occidental Mythology (New York: Penguin Books, 1981), 50.

⑥ Nor Hall, The Moon and the Virgin (New York: Harper and Row, 1980), 23.

⑦ 譯者註：表示一個人從生命中的一個階段進入另一個階段的過程，包括了出生、成年、結婚和死亡的四個階段。

⑧ Carl Kerenyi, and C. G. Jung, "Kore," Essays on a Science of Mythology, trans. R. F. C. Hall (New Jersey: Princeton University Press, 1973), 123.

⑨ Carl G. Jung, "Psychological Aspects of Kore," Essays on a Science of Mythology 162.

⑩ Nancy Friday, My Mother My Self (New York: Dell Publishing Co., 1977).

⑪ 譯者註：出自《約伯記》第十一章第十六節。

⑫ Anthony M. Joseph, "Zodiacal Virgo and the Ceres Complex," Geocosmic Research Monographs (No. 2, 1981), 17.

⑬ Erich Neumann, The Great Mother, trans. Ralph Manheim (Princeton, New Jersey: Princeton University Press, 1974), 31-32.

第五章

星盤中的穀神星

★

　　希臘人將希瑞斯（作為地球之母）奉為農業女神，她不停歇地給為大地上的人們帶來食物和營養。

　　希瑞斯和女兒波賽鳳妮之間的強烈連結，形塑了她的主要關係。故事中波賽鳳妮遭普魯托綁架而成為冥府的皇后，希瑞斯因為失去女兒所飽受的悲傷和折磨，以及她為了與女兒團聚而尋找的過程，成了古代世界的重要神話；這段情節也被編作厄琉息斯祕儀的啟蒙儀式，在幾千年間定期上演，而希瑞斯年復一年失去女兒的病症，也源於她在關係裡佔有和過度依戀的狀態。

　　希瑞斯在關係裡的母親角色，代表著無條件的愛——維持並滋養新生的生命。透過母體—子宮和臍帶的功能，傳遞著維持生命的養分。

　　在占星學中，穀神星描述了我們如何面對自我價值和自尊、與父母和子女的關係、依戀、依賴、失去、分離、拒絕、悲傷、分享、工作和生產力等議題。

　　穀神星所在的星座，描述了十二種滋養方式，穀神星展現了我們如何從給予和接受滋養中滿足自己的需求，以及我們需要從自己和他人身上獲得哪種滋養，才會感受到無條件的愛與接納。

　　榖神星所在的宮位，顯示出我們在哪些領域最容易經驗給予和接受滋養的需求，榖神星也指出哪種類型的養育經驗會培養出自愛和自我接納的感受，或自我否定和批判的態度。

　　榖神星與其他行星的相位，描繪了滋養／母性功能是如何與人格的其他面向做整合，和諧相位代表能與該行星所代表的事項順暢地融合，而緊張相位則表示個人的滋養需求和其他心理需求之間潛在衝突；當個人能將星盤中榖神星衝突相位的不同需求加以掌握與整合時，便不再需要透過壓力來學習平衡。

榖神星在占星學的主掌領域

榖神星作為母親，代表生育的性繁衍中各個階段的生理指標和時程
懷孕　·　生產　·　流產　·　墮胎　·　護理　·　排卵　·　月經來潮和停經　·　婦科保健　·　節育

榖神星是各種父母關係的象徵
父母／子女　·　子女／父母　·　單親父親或單親母親　·　祖父母　·　寄養父母／繼父母／領養父母　·　保姆／家庭教師

穀神星關注兒童照顧與兒童教育

產前護理 ・ 分娩培訓 ・ 兒童權利 ・ 母親權利 ・ 虐待兒童 ・ 學齡前教育 ・ 初等教育

穀神星重視家庭

深厚的家庭根基與羈絆 ・ 大家族體系 ・ 公社 ・ 氏族制度 ・ 部落

穀神星的職業圍繞著滋養與協助的相關專業

護理 ・ 社會服務 ・ 兒童照顧與教育 ・ 助產 ・ 臨終關懷

穀神星作為穀物女神，與農業和生長周期有關

土地耕作 ・ 務農 ・ 園藝 ・ 生態學 ・ 植物學 ・ 季節 ・ 與大自然的關係 ・「綠手指」植物 ① ・ 苗圃 ・ 種子 ・ 收成

穀神星作為生養萬物的母親，是食物及相關服務的象徵因子

農民 ・ 有機園丁 ・ 廚師 ・ 烘培師 ・ 服務生 ・ 餐廳 ・ 合作社 ・ 營養顧問 ・ 食療、節食、草藥療法 ・ 飲食相關疾病：超重、厭食症、暴食症 ・ 生理健康的飲食失調

穀神星對動物的滋養關懷與敏感度

動物照顧與馴化 ・ 獸醫 ・ 動物訓練師 ・ 動物飼養員

穀神星作為參與勞動和生產的勞動者

勞工 ‧ 工會 ‧ 生產者 ‧ 消費者 ‧ 商品 ‧ 國民生產毛額 ‧ 罷工 ‧
失業 ‧ 殘疾 ‧ 職業災害補償

穀神星象徵物種適應與生存的法則

穀神星在十二星座

以下各節所引用的星盤數據來源，以數字圓圈表示：

❶ Lois Rodden 著，The American Book of Charts
❷ Lois Rodden 著，Profiles of Women
❸ Marc Penfield 著，An Astrological Who's Who

穀神星在白羊座的人，認為滋養是擁有自主權和被賦予獨立性；
相對地，穀神星白羊座的人，透過敦促他人自主決定和自給自足來給
予滋養。為了感受真正的愛，他們必須由自己所珍視的人那裡得到這
些經驗；當孩子覺得自己受養育者控制，或在準備好承擔這些責任之
前就被逼迫著獨立自主，都有可能讓孩子產生病態或失衡。

星盤案例：珍妮絲‧賈普林（Janis Joplin）的穀神星位於白羊座第一
宮，她透過自由奔放的形象，滋養了青少年文化。❷

　　穀神星在金牛座的人，透過物質、穩定感、被觸摸和被擁抱來獲得滋養；相對地，他們透過培養他人對身體的安全感，以務實的方式來養育他人。對於自我價值與接納的感受，來自於學習如何為自己提供物質上的保障；倘若過度認同物質，感到物質匱乏而過度囤積所有物時，便會失衡。

星盤案例：賽珍珠（Pearl Buck）在她獲得普立茲獎的小說《大地》（*The Good Earth*）中，描繪了自身穀神星與灶神星合相於土象金牛座，故事講述了一位中國農民的生活，農民對土地的熱愛支撐他熬過了多年的艱困歲月。❷

　　穀神星在雙子座的人，透過受教育、與人交談和被傾聽來得到滋養；他們也透過與人進行知識交流而在精神層面滋養他人。藉由感覺自己很機敏或具備才幹，從而建立自我接納；當他們自覺心智發展不足而導致學習困難，或者試圖在智力上給他人留下深刻印象，或在言語上操弄他人時，就會失衡。

星盤案例：艾倫・里奧（Alan Leo），神智學協會（the Theosophical Lodge）的創辦人暨占星家與神祕學作家，他的穀神星與天王星就合相於雙子座第十宮。❶

　　穀神星在巨蟹座的人，透過與母親的連結，以感受到被愛和被哺育而得到滋養。如果這些需求在早期獲得滿足，他們會善於在生理

與情感層面照顧他人，並藉由表達感受和掌控情緒的能力，建構出自我接納。然而，當孩子被剝奪了滋養，或在愛與情感裡感到窒息時，就會失衡，導致過度需索或情感依賴的心理折磨。

星盤案例：在阿爾伯特·史懷哲（Albert Schweitzer）身上，我們看到穀神星巨蟹座的正向展現，他的穀神星位於第九宮，身為一名神職人員和傳教士，以其尊重、珍視神聖生命的哲理來滋養他人。❶ ②

穀神星在獅子座的人，認為滋養是一種自我表達，在理想的情況下，父母會培育孩子為自己感到驕傲，使他們對自己的能力有自信，欣賞他人為創作所付出的努力，亦透過協助他人展現其創造力來給予滋養，從而使外界留下獨特的印象。而自我接納的基礎，取決於個人是否有能力創造並分享自己引以為傲的事物，倘若無法做到這點，則可能帶來自我否定和缺乏自信。

星盤案例：莎士比亞戲劇的演員李察·波頓（Richard Burton），穀神星與海王星合相於獅子座，他透過創造性的表演來滋養世界。❶

穀神星在處女座的人，認為滋養是表現得完美或為他人服務，在理想的情況下，被養育的經驗可以培養孩子的才能、辨別力和自律，使他們得以將技能延用至他人身上，亦透過教導他人正確運用技能和天賦並達到卓越，來展現其滋養。透過專精一項技能或技巧，並在工作領域展現這項技藝，或感覺自己能為他人帶來幫助，從中產生

自我價值感；而無論孩子表現得多出色，當他們的努力一再受到批評時，就會失衡，這可能導致一種對完美的偏執，對他人的不完美進行批判。

星盤案例：在伊莉莎白・庫伯勒—羅絲（Elisabeth Kubler-Ross）的星盤中，可以看到穀神星處女座最極致的展現，穀神星位於處女座第七宮，使她一生致力於為身心需要療癒的人提供諮詢服務。❷

　　穀神星在天秤座的人，認為滋養是一種合作關係，在理想的情況下，被養育的經驗會培養孩子對他人的敏感度，以及對關係的積極態度；他們透過教導他人如何在平等關係中與人互動、合作與表現適切的行為來展現滋養。自我接納則取決於個人在所屬關係和環境中，是否具備創造和諧的表現力；當過於他人導向，將被他人接納的需求置於自主的需求之上時，就會失衡。

星盤案例：保羅・塞尚（Paul Cezanne）的穀神星位於天秤座第十二宮，他一生孤絕，透過表達自己對美與和諧的理想，滋養了世界。

　　穀神星在天蠍座的人，認為滋養是強烈而深刻的情感連結，在理想的情況下，被養育的經驗是親密的，培養了孩子對於情感的自我掌控力；他們亦透過對他人的情感承諾，以及作為轉化和療癒他人的催化媒介來展現滋養。藉由將個人的內在消極和缺乏信任轉化為愛的療癒力，於此過程中達成自我接納；當內心感到孤獨卻表現出自私、

嫉妒、羨慕、憤怒和報復時，便會失衡。

星盤案例：塞比爾・李克（Sybil Leek）的穀神星位於天蠍座第十二宮且與冥王星形成三分相，天生喜愛研究神祕學，是《女巫日記》（*Diary of a Witch*）的作者。❷ ③

　　穀神星在射手座的人，認為滋養是對自由的探索，以及擴展個人的視野，在理想的情況下，母親的養育經驗鼓勵並培養了孩子的這些需求；他們亦透過教導他人如何拓展身心視野來展現其滋養（例如：宗師或是精神導師），此外，穀神星射手的人也可能幫助他人發展出一套哲學或信仰系統，賦予他們生活的意義。他們經由找到自己生活的目標，並帶著覺知持續前進，建構出自我接納；倘若無法達成，他們會轉而相信人生毫無意義並失去目標（「生命是傻瓜口中故事，找不到一點意義」——哈姆雷特），而漫無目的的感覺會使人原地徘徊。

星盤案例：偉大的人道主義者湯姆・杜利（Tom Dooley）的穀神星位於射手座第一宮，驅使他在遙遠的寮國建立醫院，透過滋養病患奉獻自己的一生。❶

　　穀神星在摩羯座的人認為滋養是成就方面的表現，在理想的情況下，被養育的經驗，會教導孩子如何培養責任感、如何管理時間，以及如何制定計畫以實現特定目標；而他們透過教導他人對自己負

責，並提供他們實用的工具在外界取得成功來展現其滋養。自我接納源於個人透過努力，獲得實質的成就，而當一個人把被愛等同於在外界表現得有多好時，就會失衡，這會導致一種徵狀：利用外在成就去贏得他人的關注和認可。

星盤案例：以色列的創建者和第一任總理大衛・班─古里昂（David Ben-Gurion），以穀神星摩羯座表達他為人民服務的責任。

穀神星在水瓶座的人認為滋養是一種個人特色，在理想的情況下，被養育的經驗會培養孩子自己做決定，以及認同他人的權利；而他們給予滋養的方式，是教導他人接受自己以及自己的古怪之處。即使他們「跟隨不同鼓手的節奏行進」，也能依循個人本質與獨特的行事軌跡獲得自我接納，但如果沒有給予孩子限制和準則，而使孩子享有的自由超過他們能應對的範疇時就會失衡，這可能演變成「養子不教誰之過」（rebel without a cause）④，個人須有內在自制與自律，才能承擔與自由相應的責任。

星盤案例：搖滾變色龍大衛・鮑伊（David Bowie）的穀神星位於水瓶座，他在藝術創作中取得成功，展現了自己的獨特性和原創性。❶⑤

穀神星在雙魚座的人認為滋養是同理心的展現，他們透過與自身之外的現實產生連結以及融合的感受來獲得滋養；亦透過緩解他人的痛苦展現其滋養，無論是同理他人，或啟發他人的信仰、大愛和對

超自然的認同。他們以無私的服務他人而不求回報的能力，建構出自我接納；若他們在小時候沒有得到適當的安撫和情感支持，就會失衡，這通常會導致無助感與無力感，進而助長了受害者情結。

星盤案例：前聯合國祕書長道格・哈馬紹（Dag Hamm-arskjold），因在中東地區建立與維護一支和平部隊，獲得了諾貝爾和平獎，他的穀神星位於雙魚座且與火星天蠍座形成三分相。❶

穀神星在十二宮位

穀神星在第一宮，意味著一個人的性格投射，是滋養、憐憫與關懷他人，他們可能把自己的角色定位為父母或者供養者；對這類人來說，滋養自己也許是不可或缺的。

星盤案例：美國的「建國之父」喬治・華盛頓（George Washin-gton），他的穀神星位於雙子座第一宮。❸

穀神星在第二宮，透過提供基本需求——為所愛之人提供住所、食物和金錢，展現滋養他人的渴望，但也可能表現為，對於鍾愛的人事物存有過度的依戀，而在另一端為爭取獨立而抗衡，他們也可能透過購物、放縱或寵愛自己的方式來滋養自己。

星盤案例：貝蒂．赫茲（Patty Hearst）的穀神星與月亮合相於天秤座第二宮，藉由被供給（二宮事項）來獲得滋養，她遭到共生解放軍綁架，並參與了一樁銀行搶案。❷

穀神星在第三宮，意味著透過餵養思想、教導，及接觸各種想法和刺激以得到滋養；或藉由建立朋友和共事者之間的聯繫網路來表達滋養。

星盤案例：人類學家瑪格麗特．米德（Margaret Mead）的穀神星落在第三宮，透過她筆下的女性角色、青少年和家庭結構，反映了她的個人認知。❷

穀神星在第四宮，象徵其滋養意味著母親在家庭與家人心中的理想形象；作為父母的角色，則是個人星盤與生活的根基。穀神星若位於世界星座（universal sign）⑥，可能表現為世界之母，或任何與之共組家庭的成員；當穀神星貼近下中天，作為心理的基礎，穀神星的神話會特別地顯著——與親人分離與重逢，或在關係中被拒絕與接納等情感連結的議題。

星盤案例：資料來源已不可考，故刪除（其後若未提供案例，原因亦同）。

穀神星在第五宮，代表透過對孩子或藝術創作的深度參與而從中經驗滋養的議題；他們會透過玩樂或將自己置於險境來得到滋養。

星盤案例：英國詩人珀西・比希・雪萊（Percy Bysshe Shelley）的穀神星位於獅子座第五宮（加乘效果），他一生都在寫情詩，並因死別失去了子女監護權，被剝奪了孩子。❶

穀神星在第六宮，象徵著藉由參與家庭的日常事務，使之維持有效率的運作以滿足個人的需求。穀神星位於此宮具有強烈的服務特質，特別在營養學和保健領域；父母的工作，或者對工作倫理的價值觀，也是由這個配置象徵。

星盤案例：盧爾德的聖女伯爾納德（Saint Bernadette of Lourdes），其穀神星位於天蠍座第六宮，她受到聖母瑪利亞（穀神星）顯像的啟發，發現了療癒（處女座）的聖水（天蠍座）。❷

穀神星在第七宮，象徵對伴侶或被伴侶滋養與保護的需求，而父母通常是他們關係需求的榜樣；要擺脫與伴侶間的依存關係，有時是困難的，而無條件的愛，能為雙方的平等互動提供重要的基礎。

星盤案例：珍・芳達（Jane Fonda）的穀神星位於水瓶座第七宮，父親在她的成長過程中有著強大的影響力，她和丈夫湯姆・海登（Tom Hayden）就創造了這樣一種平等的關係；而她和父親在電影《金池塘》（On Golden Pond）中飾演的角色，也巧妙地呈現了父女和伴侶關係之間的關聯性。❷ ⑦

　　穀神星在第八宮，暗示透過強烈而極端的經驗及深刻的情感投入來獲得滋養，性行為通常是給予和接受滋養的必要元素；協助安寧機構的臨終病患面對死亡，也是這個配置表現滋養的方式。

星盤案例：西格蒙德·佛洛伊德（Sigmund Freud）的穀神星與月亮合相於第八宮，他探索了性和母愛的議題，並將自身經驗投射到他的戀母情結（the Oedipal Complex）理論。❶

　　穀神星在第九宮，代表透過追求知識、自由、真理和旅行來滋養自己和他人，在提出人類基本需求的討論中，促進哲學的發展，如馬克思主義（Marxism）；這個配置也代表，基於對滋養萬物之母的崇拜而建構的哲理，例如對聖母瑪利亞或其他女神的崇敬。

星盤案例：林白夫人（Anne Morrow Lindberg）的穀神星位於金牛座第九宮，她是飛行員、描寫女性情感的作家及六個孩子的母親。❷

　　穀神星在第十宮，代表透過個人專業或社會形象來照護和供養他人，以此表達對滋養的渴望；從事兒童服務、健康照護，以及與食物相關的職業和公共事務，可以實踐個人對社會的責任感。穀神星在這個位置，可能指出父母給予的愛是有條件的，取決於孩子的表現或成就；然而，當孩子達不到父母或社會的期望，則可能產生被拒絕或被遺棄的感受，因此，許多穀神星第十宮的人必須學會愛自己，看重自己的本質，而非外在的表現。

星盤案例：克萊拉‧巴頓（Clara Barton）充分展現了位於摩羯座第十宮的穀神星，她一生致力於幫助他人，她創立了美國紅十字會，並在三場戰爭中擔任護士，以及領導數次的災後救援工作。❷

　　穀神星在第十一宮，象徵把滋養的渴望延伸至群體——大家庭、母親互助團體、育兒合作社和公社，這個位置也顯示了孕育人道主義的願景和理想，個人可以透過友誼來表達或獲得母愛。

星盤案例：格洛麗亞‧艾瑞德（Gloria Allred）律師的穀神星位於射手座第十一宮，她在政治上積極地保護與保障婦女權利。❷

　　穀神星在第十二宮，代表了父母責任的業力主題，以及對於他人苦痛能培養出理解與同理；這個位置可能象徵著失去、疾病、被拋棄，以及被父母或子女拒絕的經驗，而緩解自身悲傷的關鍵——是將愛和援助延伸到那些正面臨苦難或需要幫助的人身上。穀神星位於此宮，代表具備了滋養全宇宙的潛能，以及透過無條件的愛，與更高層次的現實（higher reality）產生連結。

星盤案例：瑪麗亞‧蒙特梭利（Maria Montessori）透過成為輔育貧困和弱勢兒童的教育者，美好地實踐了位於獅子座第十二宮的穀神星。❷

穀神星與其他行星的相位

穀神星與太陽的相位

穀神星的滋養與太陽的自我認同、生命目標結合,此組相位代表個人身分和自我形象,將圍繞著父母或伴侶的身分而展開。

和諧相位象徵著愛他人與關懷他人的渴望,這些人可能與家人關係緊密,忙於種植或準備食物,或為人類所需而效勞,在某些案例中,這組相位代表與臨終者共事,或在個人努力中展現生產力與取得成果。

緊張相位指出,在「為自己而活」以及「照顧他人」之間有潛在衝突,可能導致為了家人的利益而自我犧牲,或拒絕與所愛之人親密和親近;過度依戀會導致窒息的關係,或分離或失去。其他問題可能包括卑微的自我形象,個人的滋養需求受到挫折,或一再重演抑鬱和拒絕的主題。

克服這些挑戰的辦法,在於發展正向的自我價值感,讓他們能給予和接受愛,以及不帶批判的支持;諮詢和輔導顯然可以促進此一過程。

星盤案例:小野洋子(Yoko Ono)的穀神星和太陽合相於水瓶座/雙

魚座，她遭到第一個孩子的拒絕，也失去了丈夫，這時她作為單親母親，將大部份繼承自約翰‧藍儂（John Lennon）的遺產，用於養育貧困和饑餓的孩子。❷

維多利亞女王（Queen Victoria）的穀神星、太陽、月亮與上升點合相於雙子座，是版圖持續擴張的大英帝國女王，也是九個孩子的母親，她盡情地哀悼丈夫，而被稱為溫莎寡婦（Widow of Windsor）。❷

法國皇帝拿破崙‧波拿巴（Napoleon Bonaparte）的穀神星與太陽合相於獅子座，他建立了一個帝國，在滑鐵盧戰敗後被流放，死於癌症。

穀神星與月亮的相位

穀神星的滋養與月亮的情緒回應結合。

穀神星與月亮的配置描繪出一種性格類型——深切地渴望被他人需要，並與他人交換情感能量，和諧相位代表可以透過對他人無私的付出以及照顧周圍的一切來滿足這個需求。

緊張相位指出在滿足個人需求和家庭需求之間的拉鋸，其他可能出現的問題是分離焦慮、害怕被拒絕以及感到孤立。

若一個人開始覺察他人的情感需求，並且努力與他人建立起相

互支持的情感紐帶／橋樑，便有可能療癒對情感滿足的否定。

星盤案例：伊莉莎白女王（Queen Elizabeth）的穀神星與月亮合相於獅子座，她將自己奉獻於服務「我們偉大的帝國子民」。❷

安德爾・戴維絲（Adelle Davis）的穀神星位於射手座第十二宮，與月亮雙子座形成對分相，她教導人們如何「吃得營養」和「養出健康的孩子」。❷

路德・伯班克（Luther Burbank）的穀神星位於摩羯座，與月亮處女座形成三分相，他開發了八百多種新品種的植物。❸

人權殉道者馬丁・路德・金（Martin Luther King）的穀神星與月亮合相於雙魚座，致力於為他的種族與全人類提供精神上的滋養。❸

穀神星與水星的相位

穀神星的滋養與水星的心智表達結合。

這些人能夠透過他們的心智滋養他人，以及透過智力的刺激來獲得滋養，對他們而言，被愛等同於被理解。

和諧相位代表能帶著同理心與他人溝通，且能與不同智力水平

的生物建立融洽的關係，包括兒童、智能障礙者、植物和動物。

　　緊張相位則代表難以向他人表明自己的滋養需求，尤其是家人，一個常見的例子是，期望自己不必開口，他人就能知道自己的需求，當對方未能「意會」時便會發怒。

　　個人若能培養新的溝通技巧，清楚表達自己的需求，以及積極傾聽和接受他人的回應，就能整合這些能量。

星盤案例：沉默大師實諦・美赫・巴巴（Sri Meher Baba）的穀神星與灶神星合相於處女座，且與水星雙魚座形成對分相，他在完全的寂靜中度過了十三年，透過手語和符號交談，將靈性奉獻給大母神。❶

法國女英雄聖女貞德（Joan of Arc）的穀神星與水星合相於摩羯座，她在禱告中聽見了神祕的聲音而受到感召，嘗試著拯救法國。❷

穀神星與金星的相位

　　穀神星的滋養與金星的愛與性的陰性本質結合，穀神星與金星有相位的人，可能把被吸引和被愛的感覺，與自我價值的潛意識形象連結起來。

　　和諧相位描繪了透過情慾的感官經驗或性慾來滋養他人的能力，

這些人具有美學鑑賞力，使他們能創造出滋養與和諧的環境，這是一組在物質與藝術層面極富創造力的相位。

緊張相位指出個人對親密關係的需求與家庭需求之間潛在衝突，這些人可能感到不被渴望或者缺乏性吸引力，因此，可能導致關係上的不滿足和痛苦的拒絕；也由於穀神星代表著父母的印記，他們也可能把來自父母的負面經驗投射到伴侶身上。

轉化上述困境的關鍵在於平衡父母／子女的需求，以及不同角色對於平等／關係的需求；重新定義個人內在的陰性自我形象，也有助於為他們吸引具有滋養與支持能量的性互動。

最後，穀神星和月亮與金星有緊張相位時，往往會導向食物情結：當涉及土星時，可能發生飢餓（例如神經性厭食症）；當木星涉入其中，可能過度放縱，以食物替代愛。在這些例子中，他們需要從食物以外的渠道來尋找安全感、愛和接納，飲食調理也許有助於催化此一轉變過程。

星盤案例：摩納哥公主卡羅琳（Caroline）的穀神星位於白羊座，且與金星摩羯座形成四分相，在她個人的愛情生活與其顯赫家族所賦予的期望之間，產生需求上的矛盾。❷

伊莎多拉・鄧肯（Isadora Duncan）的穀神星和金星合相於白羊座第一

宮，她為兒童創辦了舞蹈學校，教學中強調個人風格的表達。❷ ⑧

穀神星與火星的相位

穀神星的滋養與火星行動和主張的陽性本質結合，有穀神星和火星相位的人，會將向外在世界展現的行動力和效率，與自我價值的潛意識形象連結起來。

和諧相位表示個人具有生產力，他們的動力和精力被引導至照顧或捍衛他人，他們也可能成為單親父母，或父母的主要照顧者。

緊張相位可能指出，孩子對獨立與自主的需求受到強勢父母的阻撓，而在成年後，覺得自己不夠好、能力不足或者無能為力；當土星或冥王星參與其中，暗示他們小時候可能經歷過嚴厲的管教，或是在成為父母後體現這些特質，亦有可能出現過度照顧他人的傾向。

克服這些挑戰的辦法，在於從自我意志和給予滋養與被滋養的渴望之間取得平衡，這也有助於改變一個人的潛意識自我形象，並以自信、勇氣和自立，來取代恐懼和自我不足。

星盤案例：瓊・貝茲（Joan Baez）的穀神星和火星合相於射手座，她為了對抗不公義，參與反戰和反歧視的抗爭運動。❷

以色列軍隊的將軍莫西・達揚（Moshe Dayan），他的穀神星和火星
合相於白羊座第十二宮。❸

惡名昭彰的虐待狂薩德侯爵（Marquis de Sade），他的穀神星位於白
羊座且與火星形成合相。 ❶

穀神星與婚神星的相位

穀神星的滋養與婚神星對於關係的需求結合。

這組相位指出，穀神星的無條件接納與婚神星的有條件連結所
交融的主題，在某些情況下，伴侶會成為無條件的愛與滋養的主要接
收者；在其他情況下，養育子女可能成為這段關係的焦點。

和諧相位意味著有能力發展滋養與平等的夥伴關係，在這個結
盟中孕育的「孩子」（無論是真正的孩子或者是精神產物／創作物）
都會被接納和整合。

緊張相位可能指出，與伴侶在育兒方面潛在分歧。如果孩子來
自前一段婚姻，那麼由忠誠感所衍生的衝突會更為加劇，此外，他們
可能在作為伴侶和配偶的職責之間經歷衝突，或者對自己在婚姻中的
角色普遍感到不滿，無論是丈夫、妻子、母親還是父親。

　　整合這些面向的關鍵在於樹立新的角色榜樣，由於潛意識形象和社會的印痕（imprinting）將我們深鎖在舊有的回應模式中，療癒將有助於消除這些印記，透過這個方式，我們可以迎向挑戰，創造由穀神星與婚神星相位所代表的滋養與支持的關係。

星盤案例：《女性迷思》（*The Feminine Mystique*）一書的作者貝蒂‧傅瑞丹（Betty Friedan），於書中描寫了女性對於身為母親和妻子的不滿；她的穀神星位於雙子座合相下降點，並與位於射手座上升點的婚神星形成對分相。❷

隆納‧雷根（Ronald Reagan）的穀神星位於白羊座且與婚神星天秤座形成對分相，他的妻子南茜（Nancy）和他第一段婚姻的孩子之間存在家庭衝突。 ❶

穀神星與灶神星的相位

　　穀神星的滋養與灶神星對專注、奉獻的渴望結合。

　　和諧相位代表對家庭的全然奉獻，或者有能力透過工作、靈視探尋（vision quest）和靈性實踐來經歷滋養，在某些情況下，有穀神星和灶神星相位的人可能受到啟發，將畢生奉獻於服務與滋養他人。

　　緊張相位可能代表對父母角色的疏離，或者不孕症，也可能在

家庭的需求與個人尋求獨處的需求，抑或是投入工作的需求之間存在衝突。

透過學習平衡自我的需求，以及對他人的義務和責任，可以克服這些挑戰。許多父母將豐富的家庭生活與充實的職涯重心做結合，證明了這種整合的可能性。

星盤案例：中華人民共和國第一任主席毛澤東的穀神星與灶神星合相於處女座；他一生致力於重組中國的農業和社會文化體系。❶

戴安娜王妃（Princess Diana）的穀神星與灶神星合相於金牛座，她為撫養自己的孩子成為英國王位的繼承者，奉獻了自己的一生。

傑羅丁‧費拉羅（Geraldine Ferraro）的家人，因她參與副總統競選活動而被捲入政治壓力中，考驗了她與家人對彼此的奉獻；她的穀神星位於處女座且與灶神星雙魚座形成對分相。

穀神星與智神星的相位

穀神星的滋養與智神星心智創造的渴望結合，此組相位展現了得以發揮強大創造力的潛能。

和諧相位描述了成功地將創造能量引導至心智創作、藝術創作

和政治活動中,也可能對於主要的養育對象存有正向認同,在許多例子中,父母與孩子都高度重視教育和學習。

　　緊張相位可能代表對母親的否定或者拒絕,以及對父親過度認同,從心理層面來看,這種由個人的陰性根源和本性中表露的疏離感,反倒阻礙了個人的創造力,其中,女性又特別容易因為家人的需求或期望,而在心智或教育發展上遭受挫敗。

　　克服這些挑戰的辦法,在於成功將穀神星的同理心、價值觀與智神星的知識實用主義重新融合,這種更為完善的融合,可以使他們以新的、更自由的表達方式來呈現創作力和觀點。

星盤案例:厄爾・華倫(Earl Warren),正如他的穀神星與智神星合相於第一宮所暗示的,他是最高法院裡的自由派和富有同理心的法官。❶

瑪麗・貝克・艾娣(Mary Baker Eddy)的穀神星與智神星合相於天蠍座第十一宮,她是基督教科學會(Christian Science)的創始人,傳佈了心理與精神療癒的教義。❷

穀神星與木星的相位

　　穀神星的滋養與木星擴張、拓展的渴望結合,此組相位將社會

視野和探索的渴望，結合了穀神星的價值觀。

和諧相位代表對於慷慨式養育的渴望，透過教育、哲學、宗教和旅行最能得到發揮，通常也參與了大規模的生產、供給、食物配給及其他的基本服務。

緊張相位可能指向誇張的養育經驗（父母的溺愛），或者對父母的角色過度認同，而無法對別人的需求說「不」，會耗盡一個人的養育儲備資源，或導致一個人過度放縱，例如暴飲暴食。

克服這些挑戰的辦法，在於平衡個人與跨個人（transpersonal）的養育，將個人的養育視野，擴展到以社會和文化的形式供養他人（例如參與世界飢餓計畫等），亦能帶來幫助。

星盤案例：埃德娜・聖文森特・米萊（Edna St. Vincent Millay）的穀神星與木星合相於雙魚座，她是一位詩人兼發言人，並在她的環球旅行和政治抗爭中為人道精神發聲。❷

艾米琳・潘克斯特（Emmeline Pankhurst）是一位激進的投票權運動領袖，在獄中絕食抗議，她的穀神星位於射手座上中天且與木星雙子座形成對分相。❷

穀神星與土星的相位

穀神星的滋養與土星創造形式與結構的渴望結合，此組相位可以為養育的活動奠定穩健而務實的基礎。

和諧相位在滋養的關係中強化了穩定性、長久性和深度，傳統的家庭價值觀被強調，形成強力的情感支持系統。

緊張相位代表基於各種因素，滋養的功能可能受到阻礙或者封閉，他們的父母可能對愛和認可有所保留，要求孩子有某些作為才能換取他們的認可，實行嚴格的紀律，或者乾脆不在孩子身邊。在某些案例中，父母可能過於盡責，為孩子打理一切，而讓孩子無法發掘自己的優點，此外，他們還可能因照顧孩子或年邁父母的責任，感受到過多的義務和束縛。

克服這些挑戰的辦法，是透過滋養與照顧內在小孩來學習成為自己的父母，如此一來，穀神星與土星類型的人就能學會照料自己和他人。

星盤案例：阿爾貝・卡繆（Albert Camus）的穀神星位於射手座第三宮，且與位於雙子座第九宮的土星形成對分相，在他的著作中，強調以人類的責任來對抗社會的邪惡面，藉由哲學方式來滋養世界。❶

古巴共產黨的獨裁者斐代爾‧卡斯楚（Fidel Castro），壓制了個人自由，但改善了人民的教育、住房和衛生設施；他的穀神星和土星合相於射手座。❸ ⑨

穀神星與天王星的相位

穀神星的滋養與天王星的個體、直覺結合，此組相位有機會將滋養的衝動普及到人權主義活動。

和諧相位意味著能夠以原創和創新的方式照顧他人和發展家庭結構。有穀神星和天王星相位的人經常倡導人權，尤其是支持兒童的個體發展；這組相位也暗示著一種高度發展的人性直覺，使個人能與不同種族和國籍的人建立友好關係。

緊張相位可能意味著不可靠和不穩定的養育經驗，致使他們不容易建立情感連結，而在「破碎」家庭中成長或者反抗父母的孩子，在往後也許會經驗個人自由和家庭親密之間的拉扯；此外，這組相位也可能導致難以傾聽或信任自己的想法和直覺。

要突破這些困境，取決於能否將個人的個體性、個人對變革的構想，與對摯愛的需要和關懷做結合。

星盤案例：印度第一任總理賈瓦哈拉爾‧尼赫魯（Jawaharlal Nehru）

的穀神星、智神星及天王星皆合相於天秤座，因而與甘地（Gandi）一同為印度的自由併肩作戰。❸

海倫‧凱勒（Helen Keller）的穀神星與和天王星合相於處女座上中天，她徹底顛覆了身心障礙者的教學技巧。❷

阿麗斯‧貝里（Alice Bailey）❷、海倫娜‧布拉瓦茨基（Helena P. Blavatsky）❷和艾倫‧里奧（Alan Leo）❶都具有穀神星與天王星的合相，這幾位老師都強調個人直覺的培養。

穀神星與海王星的相位

穀神星的滋養與海王星超然的渴望結合，此組相位代表了在滋養的衝動上具有敏銳的覺察，而對於萬物存有深刻的同理與同情。

和諧相位象徵對無私奉獻的渴望，透過精神層面的投入，去經歷無條件的愛與絕對的愛，這組相位也意味著對他人情緒的覺察，使這些人能在自己選擇的角色或職業中擔任療癒輔助者。

緊張相位可能導致對所愛有不切實際的認知，而經常感到失望或受騙，由此而生的情感需求，可能使他們傾向於扮演受害者，以此種滋養形式獲得關注；或者，他們因為無法忍受情感的傷痛或孤絕，便以各種逃避來尋求慰藉，例如毒品、酒精或退縮。

　　克服這些挑戰的辦法，在於透過與一切眾生的連結，來經歷合一與一體，並從中找到自我滋養的方式。在無須犧牲自我的前提下照料他人的需求，讓有穀神星與海王星相位的人，能實現對完整和一體的深切渴望。

星盤案例：瑪麗蓮‧夢露（Marilyn Monroe）的穀神星與海王星合相於獅子座，巧妙地展露她的美麗來滋養世界，但她無法建立積極的自我形象與情感需求，因而走向悲劇的死亡。❷

人類學家卡洛斯‧卡斯塔尼達（Carlos Castaneda）的穀神星與海王星合相於獅子座，他是印第安亞基族（Yaqui）巫師的學徒，在他的著作《解離的真實》（*A Separate Reality*）中，為人類提供超越物理領域的有限觀點。❶

穀神星與冥王星的相位

　　穀神星的滋養與冥王星轉化的渴望結合，此組相位強化了穀神星與冥王星的原型，帶出了失去與回歸的主題，它教導人們：不能對自己創造與滋養的生活發展成依戀。

　　和諧相位彰顯了個人分享後代的能力，含括身體、心智、情感或創作的產物，對於人類心理與物質世界存有更深刻的理解，能使個人在他人的生死道途提供協助；而成為父母，能轉化個人價值，並對

他人懷有更大的寬容與接納。

　　緊張相位可能意味著因為失去所愛或與所愛分離，而帶來強烈的情感危機，也可能導致劇烈的悲痛、憂傷和絕望；若個人傾向掌控或試圖佔有自己的創作物，也許會引發權力鬥爭。

　　克服這些挑戰的辦法，在於透過接受穀神星與冥王星神話的教誨——放手才能帶來回歸與再生，從而轉化個人的依戀，每一次死亡都會帶來重生，每一次失去都會帶來收穫；因此，當真正領悟此一真理，便能永久地抹去個人潛意識中對於失去的恐懼，取而代之的是信任、接納和喜悅。

星盤案例：提摩西・李瑞（Timothy Leary）的穀神星與冥王星合相於巨蟹座，他使用 LSD[10] 來體驗轉化的狀態——包括經驗他自己的死亡歷程。

科學家阿爾伯特・愛因斯坦（Albert Einstein）的穀神星與冥王星合相於金牛座第十一宮，他創立了相對論，徹底改變了人們對宇宙本質的既有概念。❶

---

① 「綠手指」指善於栽種的人，「綠手指植物」則意指易於栽種的植物。
② 經查證星盤，作者以 23:50 起盤。
③ 經查證星盤，作者依據 Marc Penfield 版本 1922 年起盤。

④ 《養子不教誰之過》（rebel without a cause）為電影名，描述親子間的隔閡。

⑤ 原文為 Ceres in Aquarius in the fifth house，經查證星盤，作者誤植「第五宮」。

⑥ 世界星座 （universal sign）即射手座、摩羯座、水瓶座和雙魚座。

⑦ 經查證星盤，作者以 19:57 起盤。

⑧ 經查證星盤，作者以 May 27, 1878 14:20 起盤。

⑨ 經查證星盤，作者以 1927 年起盤。

⑩ LSD，中文名稱為麥角酸酰二乙胺，是一種強烈的致幻劑。

第六章

智神星：戰神女王

我以此頌歌始吟

聖潔的女神

帕拉斯雅典娜

清亮明眸

如斯聰慧

她心智堅不可摧

處女之身，肅然生畏

城邦的守護者

擁至高權能

源於特里頓湖

宙斯稟賦一己

自他神聖頭顱

降生

以燦耀奪目的黃金戰甲

作佩飾

她披掛一身 ①

帕拉斯・雅典娜的神話

智神星——帕拉斯・雅典娜（Pallas Athene）是智慧的處女神，

在古希臘時期，她的重要性僅次於天神朱庇特，她的名字被用於雅典城邦的命名，這座城邦是希臘文明的知識中心。帕拉斯作為戰爭與勝利的女神，是戰術與策略的大師，在戰役中百戰百勝。作為雅典的守護者和監護人，帕拉斯用她的智慧教導人民如何以和睦的方式解決紛爭，以和平的手段維護法律。她的才智向來懷有憐憫，是仁慈正義的堅實擁護者。

帕拉斯‧雅典娜被描述為一位身穿緊身袍衣、披掛鎧甲的威武女性，她手持長矛和神盾，頭戴盔甲，胸前覆蓋著由山羊皮製成、名為埃癸斯（Aegis）的胸甲；胸甲周邊環繞著蛇，中央是戈爾貢‧梅杜莎的頭顱，她經常與象徵智慧的貓頭鷹和代表預言的蛇為伴。

帕拉斯‧雅典娜多才多藝，發明了長笛、小號、陶輪、第一只陶器花瓶、犁、耙子和牛軛，她因促進文明，使人們受文化薰陶而備受讚譽。作為手工藝之神，帕拉斯是藝術家、工匠、建築師和雕塑家的守護女神，她指導人類鑄造和開採金屬的生意，以及烹飪、刺繡、羊毛加工和編織藝術；最後，作為健康與醫治女神，帕拉斯‧雅典娜傳授了多種醫療的方法，包括使用梅杜莎的血液而重生的祕密。

雅典娜誕生的神話

荷馬傳說所描寫的帕拉斯‧雅典娜，是從父親朱庇特（宙斯）的頭部單性生殖而誕生。依據這位詩人暨歷史學家的說法，帕拉斯從

宙斯的額頭分娩而生，出生時已是一名成年的女戰士，身披鎧甲，高
喊著凱旋的勝利歡呼；這段記載其實是帕拉斯的母親墨提斯（Metis）
早期故事版本的縮影，記述著地中海文化已由母權制過渡到父權制的
歷史。

帕拉斯真正誕生於六千年前的利比亞，她出生在特里頓湖（Lake
Triton）湖岸，那裡是非洲亞馬遜地區數個部落的家鄉，她的古老
稱號是「特里頓湖所生」（Tritogenia），意指她源自水中。② 在
出生後，帕拉斯由三位身著山羊皮的利比亞女神發現並撫養，在這
段時期，她被稱為利比亞三女神涅伊特（the Libyan Triple Goddess
Neith）。③

約末在西元前四千年，利比亞難民將他們的女神帶到克里特島，
她在那裡受到人們接納與膜拜，並在米諾斯文明前期流傳到色雷斯
（Thrace）和希臘，從這個時代開始，出現了帕拉斯由其母泰坦海洋
女神墨提斯（智謀）所生的傳統版本。

墨提斯是歐開諾斯（Oceanus）之女。墨提斯協助宙斯朱庇特成
功對抗他的父親克洛諾斯，她給了克洛諾斯催吐劑，迫使他把吞下的
孩子都咳吐出來。儘管，墨提斯不斷變換身形來躲避宙斯的情慾追
逐，最終她還是被強暴，並且懷了身孕。

蓋婭和烏拉諾斯警告朱庇特，墨提斯會在帕拉斯・雅典娜之後

誕下一個孩子，其子將成為天神與眾人之王。為了維護主權，朱庇特將懷著雅典娜的墨提斯整個吞噬，但當他步行至特里頓湖岸時，頭痛欲裂，只得用雙面斧劈開自己的頭部（母系象徵）來緩解劇痛；在大地的隆隆聲與海浪的波濤聲中，身披閃亮金甲的帕拉斯・雅典娜橫空出世，她隨即成為父親最愛的女兒。

從社會學的角度來看，帕拉斯・雅典娜自朱庇特頭部誕生的神話，標記著陰性智慧的本質被汲取和接納，以因應新的父權制度所需。

帕拉斯・雅典娜的蛇之智慧

在整個雅典娜的歷史發展過程中，她與蛇的象徵意義息息相關，她的預言天賦來自於她與蛇之間本質上的關係。有則神祕傳說言道：攝入微量特定種類的蛇毒，可以帶來預視的能力，因此，蛇被視為是智慧的象徵和預言的守護者。

帕拉斯・雅典娜與蛇之女神涅伊特（Neith）的關聯證實了她的淵源；她的胸甲中央嵌著蛇髮梅杜莎的頭，而梅杜莎是利比亞亞馬遜部落的女神，那裡是帕拉斯・雅典娜的出生之地。

在米諾斯克里特島，帕拉斯・雅典娜被尊稱為「阿薩娜夫人」（Lady of Athana），是宮殿和城市的保護者，她的標誌是看守家園

的蛇和鳥。④

　　後來，在雅典衛城上佇立了一尊巨大的雅典娜雕像，雕像旁有一條同樣大小的蛇，被認為是城市的命運或守護精靈；女神和聖蛇被視為一體。當雅典人被波斯人包圍時，因守護蛇拒絕食用祭祀的食物，使人們相信女神已經放棄了這座城市。

　　雅典娜也被稱為蛇之子厄裏克托尼俄斯（Erichthonius）的母親，他成為雅典的國王，並為雅典娜設立了敬拜儀式。一則更古老的傳說將她稱為母親，保留了她為赫菲斯托斯生下兒子的記載。⑤ 雅典人為了捍衛他們女神的貞節——這座城市戰無不勝的象徵——講述了以下故事：面對工匠之神赫菲斯托斯的窮追猛攻，帕拉斯・雅典娜保護自己不受侵犯，掙扎地逃開了，她用一小撮羊毛抹去沾上大腿的精液，而這撮羊毛掉落在雅典附近，被大地所孕育。大地之母蓋婭隨後生下了孩子，雅典娜便在她厄瑞克忒翁神廟（Erechtheum）的聖殿裡偷偷養育著蛇兒子。聖殿裡的女祭司依照儀式，以蜂蜜蛋糕餵食智慧之蛇，厄裏克托尼俄斯則以人頭蛇身的形象出現，向人們宣布先知的預言。⑥

　　雅典娜之蛇的最後一例——這則神話描述了一位名為特伊西亞斯（Tiresias）的底比斯人，他的預言天賦與蛇有關。有一天，他無意間瞥見正在沐浴的雅典娜，於是被憤怒的女神弄瞎了雙眼；儘管他的母親苦苦哀求，雅典娜仍舊無法讓他恢復視力，為了補償，雅典娜

從胸甲取下蛇隻厄裏克托尼俄斯，並下達命令：「用你的舌頭潔淨特
伊西亞斯的耳朵，使他能聽懂先知鳥的語言。」因此，特伊西亞斯被
賦予了預言和洞察的力量，他死後帶著這股力量進入了冥府。

女戰神帕拉斯

　　雅典娜在奧林帕斯山上受到極大的敬重，有部份原因來自於她
的男子氣概。作為處女神，甚至不是女人所生，故有許多描述她的軍
事稱號──「戰事的領袖」、「戰鬥的發動者」、「軍隊的司令者」
和「擊退敵人的她」。她在戰場上無往不利，成為了戰事謀略與卓
越策劃的象徵；作為英雄的守護者，她協助海克力斯（Hercules）完
成任務，幫助奧德修斯（Odysseus）從特洛伊返航回鄉，使珀爾修斯
（Perseus）得以砍殺梅杜莎，而蛇隻盤旋的梅杜莎頭顱還被雅典娜
置入她的胸甲中央。

　　雅典娜的戰士本性可以從她的姓氏「帕拉斯」當中覓得線索。
帕拉斯一詞可以透過重音或變音來表達陽性或陰性的意涵：在陽性意
涵中，它指的是「一位強壯的年輕男子」；在陰性意涵中，它指的
是「一位堅韌的未婚女子」。⑦ 在每年利比亞的慶典中，未婚少女以
戰鬥儀式來敬拜雅典娜，讓人聯想起涅伊特的處女祭司爭奪主祭司一
職的故事。而希臘人仿效了利比亞人所描繪的雅典娜形象──身著
山羊皮的服飾且手持盾牌，⑧ 並以父權思維改成以下故事：某日，雅
典娜與她被收養的姊妹帕拉斯，海神特里頓（Triton）的女兒，進行

了一場友誼的戰鬥賽，突然間，朱庇特用他的埃癸斯神盾介入比賽，分散了雅典娜的注意力，使她失手殺死了姊妹，在悲傷和痛苦之下，雅典娜將帕拉斯的名字置於自己的名字之前，以逝去的姊妹作為形象，並賦予埃癸斯致命而強大的力量，這形象被稱為「帕拉狄恩」（Palladium），以意念鍛造，予人靡堅不摧的信心。

雅典娜的原始天性中，其戰士的特性體現在她的帕拉斯面向——利比亞的雅典娜祭典裡，來自亞馬遜母系部落強而有力的少女守護者，正是帕拉斯冠名的真正由來。在奧林匹亞版本中，雅典娜抹煞了自己先前的防禦天性，承接來自新父權秩序中的暴力、攻擊與好戰的特質；然而，她也在帕拉狄恩留下了遺澤，作為她存在與守護的見證：據說，羅馬的維斯塔神廟，是存放真正帕拉狄恩的祕密庫房。

帕拉斯·雅典娜自母系傳統脫離

帕拉斯、雅典娜和梅杜莎分別作為未婚少女、母親和老婦人，是利比亞蛇之女神涅伊特的月亮三相。最初，雅典娜與帕拉斯、梅杜莎合而為一，然而，進入希臘文化後，她已成為新父權秩序的象徵，因而被描繪成協助破壞母權的先例。

梅杜莎的殺戮

從歷史的觀點來看，珀爾修斯在雅典娜的幫助下戰勝梅杜莎的經典神話，對應了邁錫尼（Mycenae）新王朝的建立者珀爾修斯國王

統治時期（約西元前一二九〇年）的史實。在這段期間，早期月亮女神的力量，被希臘大陸父權統治的侵略者所篡奪，⑨而這段歷史裂痕和社會的創傷，深植於後續的神話當中。⑩

梅杜莎，月亮女神的第三個面向，是亞馬遜戈爾貢（Gorgon）家族的女王，居住在特里頓湖附近，也就是雅典娜出生地。梅杜莎以迷人著稱，深受追求者的愛慕；海神波賽頓（Poseidon）的原型是馬神希波士（Hippios）；波賽頓在雅典娜的神殿中侵犯了梅杜莎，並讓她懷上了雙胞胎，雅典娜對此行為感到非常憤怒，但是，她沒有處罰波賽頓，反倒把梅杜莎最迷人的頭髮變成了吐信的蛇，凡是被梅杜莎所注視的男子，都會變成石頭。隨後，雅典娜協助珀爾修斯對付梅杜莎，借給他一只神盾作為鏡子來避免直視她可怕的面容。運用神盾和荷米斯的魔刃，珀爾修斯得以斬斷梅杜莎的頭顱，並獻給了雅典娜。

被斬下的梅杜莎頭顱蹦出了波賽頓的兩個孩子：手持黃金之劍的英雄克律薩俄耳（Chrysaor）以及象徵詩歌靈感的飛馬佩加索斯（Pegasus）。當珀爾修斯飛走時，梅杜莎頸部的血滴到了地上，讓沙漠長出了綠洲。雅典娜也取得了些許梅杜莎的血液，一部份分給她的兒子厄裏克托尼俄斯，剩下的分給了治癒之神阿斯克勒庇俄斯（Asclepius），他用這些血來治療活人，並讓死者復活。

雅典娜和梅杜莎，原為利比亞蛇之女神涅伊特的其中兩個面向，

然而誠如所見，她在奧林匹亞時代被描述為協助摧毀自己的母系根源，但在世人眼中的雅典娜，依然炫耀著她的真實本質——她胸甲上梅杜莎的頭顱。

雅典娜與波賽頓的競賽

以下的競賽，是由跨海移居的希臘人（愛奧尼亞人 Ionian）與當地崇拜米諾斯女神的雅典人，因雙方之間的爭執所引起的。依照規定，誰能賜予雅典人民更好的禮物，誰就能統治這座城市，為了回應這項挑戰，波賽頓將他的三叉戟插入了雅典衛城的一塊岩石中，形成了一池鹽泉。

根據另一個說法，波賽頓創造了第一匹馬，而雅典娜提供了橄欖樹（培植的橄欖樹最初是從利比亞進口的，因此佐證了她的利比亞血統），無論經由法院判定或是所有兩性公民的投票，橄欖樹都被選為較實用的禮物，可作為食物、燃料、庇護和遮蔭，雅典娜因而宣告了她的勝利，而波賽頓一怒之下，便報復性地引水淹沒了特里亞西亞平原（Thriassian Plain），除非奧林匹亞眾神在雅典還予他榮耀，否則絕不罷手。眾神屈服了，剝奪雅典婦女的公民權、投票權以及賦予子女姓氏的權利，以平息波賽頓的怒氣。由於膽敢證明自己的優越，雅典娜贏了這場戰役，卻輸掉整場戰爭，從那時候起，女性的地位、權力和權益日漸弱化，終致被否定。

阿瑞斯特斯的審判

雅典娜最後一次宣稱放棄母系根源，是發生於阿瑞斯特斯（Orestes）
的審判中，她投下了支持他無罪的決定性一票。阿瑞斯特斯被指控弒
母，他謀害了自己的母親克呂泰涅斯特拉（Clytemnestra），而他的
母親殺了他的父親阿伽門農（Agamemnon）。根據古代律法，殺死
沒有血緣關係的人不構成犯罪，因此，在阿伽門農犧牲無辜的女兒伊
菲革涅亞（Iphigenia）作為獻祭之後，呂泰涅斯特拉因盡母職而將他
殺害一事並不犯法，然而，謀殺血親是禁忌，兒子殺害母親是極大的
罪行。

因此，阿瑞斯特斯被復仇者厄里倪厄斯（Errinyes，又稱復仇
三女神〔the Furies〕）所追捕和趕殺，瀕臨瘋狂之際，他到阿波羅
（Apollo）的祭壇尋求庇護，而雅典娜即時現身，安排了仲裁團進行
審判。阿波羅擔任了被告的辯護人，在為阿瑞斯特斯辯護的著名演說
中，他否定了母子血緣關係的神聖性。

> 母親並非孩子真正的血親，
> 所謂的她，是看顧幼苗生長的照顧者，
> 種子是由男性、其真正的血親所播下。
> 故，若命運赦免孩子，她會繼續看顧，
> 有如為朋友照料一株成長中的植物。⑪
> 為了證明自己的主張，他指向主持審判的雅典娜說道：

> 而此一事實，
> 便是呈堂證據；
> 那位父親不依靠母親而誕下後代，即奧林匹亞宙斯的女兒：
> 她從未被孕育於黑暗的子宮搖籃中。⑫

當該案進入表決時，仲裁團的判決為平局，而後，雅典娜出乎意料地投下決定性的贊成票，支持阿瑞斯特斯無罪釋放。在證實男性的優越時，她表示：

> 我的職責是進行最後裁定，當你們的合計票數相等，我的一票是捍衛阿瑞斯特斯的懇求。沒有母親給我生命，因此，父親血緣的主張與男性至高無上的說法，使我免於獻身婚姻，贏得我內心的忠誠。⑬

生育女神厄里倪厄斯，對這種背叛母權律法的行徑感到憤怒，威脅要以疾病和饑荒詛咒希臘，然而，雅典娜說服她們接受新規範，改變了她們的行事作風，使其在雅典以尊稱歐墨尼得斯（Eumenides）受到崇拜——和平而溫順的守護者，為父權秩序的勝利帶來豐碩的祝福。

因此，帕拉斯·雅典娜藉由宣告父權的勝利，在母權文化過渡至父權文化中起了催化作用；她被迫否認她的陰性根源，並摧毀她早期陰性本質的面向——帕拉斯和梅杜莎成為新概念的處女——貞潔

和孤立——她拒絕表現出女神的繁衍本質，因而使女性失去公民權和母親的權利，此都歸因於雅典娜；最後，她的智慧在當時代被用於向外征戰，為男性效力，這就是新的父權社會對雅典娜的改造。

智神星——帕拉斯・雅典娜

創造性智慧的本質
角色
智慧女神和國家司法的保護者

占星符號：♀
保護者之矛

象徵物
貓頭鷹
蛇
橄欖樹
盾與矛
紡紗桿
鑲著戈爾貢首級的埃癸斯

相關的主管星座
天秤座

獅子座
水瓶座

極性
勇氣／恐懼

智神星占星學

　　作為創造性智慧的本質，帕拉斯‧雅典娜運用金星的性生殖能量來產生心智產物，她是思想形成的媒介，因而代表了啟發**創造行為**的**智慧**火花。在占星學中，她的本質融合了**風元素的精神特質**和**火元素的創造特性**，因此，智神星掌管風象星座的天秤座和水瓶座，以及火象星座的**獅子座**，它們共同構成一組結合對分相、三分相和六分相的相位結構；風箏家族的相位結構，穩固了天秤座和水瓶座三分相位與生俱來的力量，而獅子座和水瓶座的對分相位則為創造的張力提供了釋放的焦點（focal point）。因此，智神星的本質，在於獅子座的創作慾望、水瓶座跨個人的社會關懷，以及天秤座的平衡與凝聚力之間的交互作用。

智神星的智慧面向

　　從社會學的角度來看，帕拉斯從朱庇特頭部誕生的神話，象徵

了父權體制的國家需要汲取並適應陰性智慧，然而，從意識演化的角度來看，這則神話也描述了從本能到意識的智慧成長（對於海洋女神墨提斯的根本性認識，乃是自朱庇特透過帕拉斯產出陰性智慧的活躍面向）；於是，藉由將繁衍力提升到創造性智慧，父權體制下誕生的帕拉斯‧雅典娜，預示了人類心理發展中歷史性的轉折點。

作為編織者和工匠所敬拜的女神，帕拉斯‧雅典娜賦予人們透過內在意象來感知全貌的智慧，這種心智意象是種子，創造性活動是其果實，因此，帕拉斯象徵了創造性觀想的過程，以及顯現法則的知識。

智神星作為創造性智慧的象徵星

在占星學，智神星代表一種智慧的層次，遠遠超越了雙子座與射手座對宮星座的心智總合，她象徵著**創造性智慧**——一種得以催生出超越已知的全新或原創（獅子座）的靈光乍現（水瓶座）。

智神星是我們智慧和感知形式的象徵，在星盤中，她描述了一個人的啟發性思維、直覺、好奇心、天賦和卓越的感知能力；當底比斯人特伊西亞斯因看見雅典娜裸浴而眼盲，女神也賦予了他絕佳的洞察力和預言的能力。

然而，智神星的緊張相位會指出視覺和聽覺感知等一系列潛在

的問題——色盲、閱讀障礙、手眼不協調、視力和聽力不良、學習
困難和智能不足等，就某程度而言，如果一個人的外在真實是由內在
思想所形塑，那麼透過療法去修正這些錯覺（例如：幻想和觀想的指
引），便能使他們在應對智神星所象徵的議題時，受益匪淺。

最後，由於具備感知全貌的能力，智神星類型的人能夠構思並
協調系統模式，而智神星代表策略性的智慧、遠見，以及帶來具體成
就和實質成果的計畫，因此，透過運用理性思維、才智和意志，這些
人可以在商業、政治、學術或科學界獲得成功。

智神星作為藝術的象徵星

帕拉斯·雅典娜的創造性智慧之光，展現在人類活動的三項主
要領域——藝術、療癒和政治活動。在古希臘時期，帕拉斯是工匠
和手工藝家的守護者，她也傳授實用的手工藝術，讓人們可以發展出
更加文明的文化；她的智慧激發了藝術視野，從而使藝術家能將想像
具象化，並將靈魂注入藝術。

在占星學，智神星象徵了藝術能力，應用清晰的視角並感知全
貌。星盤中有顯著智神星的人，可能從事視覺藝術領域，包括素描、
繪畫、製圖、設計、攝影和電影；她也是所有手工藝的主管行星，包
括陶藝、刺繡、羊毛加工和編織等。

智神星作為療癒技術的象徵星

帕拉斯・雅典娜諸多的面向之一，是神奇療法的女神海吉亞（Hygeia）。傳說中，她贈予阿斯克勒庇俄斯一小瓶從梅杜莎被割下來的頭部所取出的血液，並且指示他：用其血液使亡魂起死回生。

在占星學，智神星掌管著**身心整合的療癒技術**。自一九七三年小行星的作用被喚醒以來，這種「全人」的健康療法已經擴獲了大批追隨者；具體來說，智神星掌管著所有心理的自我療癒技術，包括觀想、肯定、冥想、心智控制、引導式心像法和催眠。

在心理學領域，智神星掌管著平衡與整合整體狀態的心理治療，這些療法包括格式塔療法（gestalt therapy）、溝通分析（transactional analysis）、生物能量論（bioenergetics）和演劇心理治療（psychodrama）。

在物理治療中，智神星能啟動、平衡並重新引導流動於人體的重要能量，因此，她透過極性療法、針灸、順勢療法、長壽飲食和細胞再生等科學來進行治療。

從占星學來看，顯著或相位良好的智神星，代表有機會成為治療者或成為使用這些療法的被治療者；緊張相位可能意味著存有根植於心理的疾病，或者身體機能存在重大的失衡——直到此人學會從

全面的角度來看待事物。

智神星作為政治藝術的象徵星

　　作為戰士女王，帕拉斯‧雅典娜在戰爭時期扮演著保衛人民與國家的守護者，儘管，她不喜歡暴力和流血衝突，但當她的家園遭到襲擊時，帕拉斯就成了一名驃悍、勇敢和好鬥的戰士；雅典娜以她逝去的姊妹作為形象，攝入神奇的特性，予人靡堅不摧的信心。

　　占星學中的智神星也象徵具備陰性特質的英雄，英勇、有膽識，明理而堅韌。在誕生星盤中，她描述了政治活動家、激進的女權主義者，或者捍衛受壓迫的少數群體；她還掌管武術，特別是講究以平衡和優雅來轉移攻擊的防禦技術，例如太極拳、合氣道和擊劍。

　　作為國家的守護者，帕拉斯將她的政治領域擴展到城邦的法律和政治之中。智神星的司法能力源於她和天秤座的連結——正義的桿秤，關於戰爭與和平、衝突與和諧的議題在此格外重要；如同天秤座一樣，智神星擔任公正的調解人，因為她能縱觀全貌，運用明智的建言和外交手段來做決定。在星盤中，智神星的緊張相位可能代表性格軟弱、缺乏機智和外交能力、殘酷的侵略，或者無力抵擋攻擊。

智神星：處於男性世界中的女性

　　帕拉斯‧雅典娜是勇氣與智慧的女神，也是富有創造力和才智

的女性原型，她和灶神星維斯塔一樣都是處女神，在性方面保有貞潔，沒有丈夫或戀人；然而，當維斯塔將她的性能量昇華為對宗教的奉獻以及個人的整合，帕拉斯‧雅典娜則是將其形塑為心智和藝術的創作。

　　帕拉斯是地位最接近朱庇特／宙斯的神祇，在奧林帕斯擁有崇高的聲望和地位，她以姊妹、同事的身分被接納，在男性的世界裡享有平權，並被允許在希臘城邦的治理上展現其智識才能，此外，帕拉斯的守貞讓她能和男性培養友誼，而不會陷入複雜的情慾糾葛；然而，帕拉斯也因取得這樣的特權地位付出了相當大的代價——她否認了她的陰性氣質和陰性根源，她哀嘆泣訴著：「沒有母親給我生命，因此，父親血緣的主張與男性是至高無上的說法，使我免於獻身於婚姻，贏得我全然的忠誠。」⑭

　　這種否認是她病徵的根源，女性無意識的陽性面向佔據了人格的主導地位，但也正是這種極大的犧牲，帕拉斯才得以進入父權的世界，為兩性之間的和諧交流提供一個平台，因此，母系社會的古老聲音能夠在時代轉變中適應與成長，而不是消逝於過往、不復存在；但有些人則認為，帕拉斯‧雅典娜是出賣自己給父權體制的女神象徵。在占星學中，這種原型代表支持並捍衛男性主導世界的女性，或者讓自己成為成功及握有權勢之男性的左右手。

　　此外，帕拉斯也代表有意識或無意識地摒除自己的性慾，惟此

才能以柏拉圖的形式與異性和諧相處。

智神星與雌雄同體

由於帕拉斯強而有力地展現了她雄性和雌性面向，她象徵著靈魂發展邁向了雌雄同體的趨勢；她與天秤座的連結，意指她平衡了內在雄性與雌性的兩極。星盤中智神星顯著的人，在異性關係中尋求的是陪伴而非激情，而在這樣的道途上，常常是朋友眾多，卻少有戀人，在某些情況下，同一個對象既是朋友也可以是戀人。

雌雄同體的另一個結果，是性別角色的解構，如同帕拉斯致力追求平衡與完整，她允許我們在合一與完整的自我之中，表達並融合我們的男性面向與女性面向，經由她所傳遞的水瓶座影響力，帕拉斯可以幫助我們認識另一個人的內在，而不是依照性別的刻板印象來做評斷。

智神星與性別認同的失衡

個人在邁向雌雄同體的改變中，有時會越過平衡點，走向性別光譜的某一個極端，有如佩戴朱庇特神盾的帕拉斯對於父親的過度認同。

因此，父親陽性的力量被女兒吸收了，並轉變為一種陽剛的力量。為了保護自己不受父親的傷害，她變得像父親一樣，如此一來，

基於父親的驕傲，他會保護她而非攻擊她；也由於她採取侵略者的角色作為防禦手段，使她無法充分展現她的女性魅力。⑮

從占星學的角度來說，智神星類型的女性傾向對男性過度認同，並發展出「阿尼姆斯」（animus）的性格，以純粹的形式來看，這種原型可被顯化為亞馬遜女戰士，是古希臘時期雅典娜的化身。在現代社會中，它可以形容一位充滿競爭力、好戰和攻擊性的女性，她失去了與柔軟和包容的連結，成就、剛強、權力和成功，成為了自我實現的目標，並阻礙了情感和感官層面的生活。

而在男性的星盤中，有力的智神星意味著相反情況——「阿尼瑪」（anima）的性格；阿尼瑪是男性無意識的女性面向，而當這個面向主導了性格走向極端，則可能表現為過度被動、依賴、喜怒無常和猶豫不決。在這兩種狀況下，帕拉斯的過度認同都可能導致個人與其內在本質漸行漸遠，進而表現出一種疏遠他人以及難與異性親密的人格表現。

帕拉斯・雅典娜所穿的盔甲讓她更容易進入男性的世界，卻在爾後成為阻擋她進入情感世界的屏障，理智化和理智行動的防禦系統，設下了自己與他人的距離，使個人迴避感受，免於痛苦。

簡而言之，帕拉斯・雅典娜代表著平衡內在雄性與雌性兩極的需求，以及當無法達到這種和諧時所帶來的困境。

智神星與父親情結

在母權時代，女兒和父親是不相干的，多數情況下，甚至不認識父親；而帕拉斯‧雅典娜由父親朱庇特所生，象徵女性需要在生活中與父權連結。穀神星代表著母親的印記（下中天），而智神星代表父親的印記，象徵著我們如何在世界裡表現自己（上中天）。正如穀神星類型的人會與母親緊密連結，智神星類型的人，其自我認同來自父親；而當智神星類型者與父親的連結受到破壞，便會出現兩種心理情結，其原型是小女孩和「武裝的亞馬遜女戰士」。⑯

小女孩（*puella*，拉丁語，意指「女孩」），通常被稱為「爸爸的小女孩」，消極地服從父親的權威，尋求父親的認同來證明自己，並與母親爭奪父親的愛和關注；父女關係的緊密度，可能伴隨著違反倫常的暗喻。在婚姻裡，小女孩類型的女性，通常扮演著支持丈夫成就的幕後功臣，是不可或缺的副手，然而對小女孩而言，她外在的順從，掩蓋了她堅強的天性以及內在對反叛和戰鬥的需求。

在另一邊極端的情況下，我們看到渴望吸收和模仿父親陽性力量的亞馬遜女戰士；她年輕時可能表現出「男人婆」的原型，並對女性同伴的愚蠢消遣嗤之以鼻。她再次向父親尋求認同，但這次是效仿他的成功、表現和成就的動力；外在的世界形同真實的父親，可能視為威脅的力量，就如同小女孩一樣，亞馬遜女戰士也有她壓抑的一面──無助和依賴的女孩，為了保護自己脆弱的那一面，她索性否

決了自己的感受和強烈的情感。

也因此,對男性或女性而言,占星學中的智神星都是父親情結的代表因子,在某些例子中,若非母親在孩子的成長過程中只發揮一小部份作用,就是孩子拒絕接受母親的影響。

智神星與對成功的恐懼

儘管帕拉斯在男人的世界裡受到尊重和欣賞,但她從未因身為女人而被認可;她的心智與創造力雖然受到讚揚,卻不被看作是女性的特質,因此,她對愛、溫柔和親密感的女性需求被否定了。在我們的文化裡也是一樣,「聰慧」雖然能讓她在辯論隊獲勝而贏得喝采,卻不會讓她被邀約參加舞會;女性被告誡,她們在世俗的成功會威脅到男性的自尊心並突顯他們的失敗。舉例來說,大家普遍認為妻子唸了書會變得傲慢,女兒則被教導要以裝傻作為手段來吸引男性;一九八四年一本著名的男性雜誌寫道:許多男人會被「她腦筋要夠好,但不能表現得比我聰明」的女人所吸引,因此,對智神星類型的女性而言,最諷刺的是,她越是表現自己的創造力,就越是威脅到她與男性建立傳統關係的機緣。

這種宣傳的成效非常顯著:為了避免被男性拒絕,女性已經慣於扼殺自己的心智和創造力,因而,「不用之,則失之。」這些女性很快地失去自己的聰明才智。

在男性的星盤也存在類似情況。智神星描繪一位在才智或藝術高度發展的男性，他擔心自己會因為男子氣概不足或不夠陽剛而被拒絕，因此，這些男性為了符合女性的期待，往往會封閉自己的柔軟和感性。

勝利與失敗

當帕拉斯・雅典娜在與波賽頓的競賽中贏得希臘的統治權時，她因勝利而受到懲罰，隨後，雅典的婦女失去了投票權、不再保有公民權，且無法將姓氏傳給孩子；因此，智神星主題可以代表「贏了戰役，卻輸掉整場戰爭」。根據帕拉斯的經驗，許多女性與男性較量時躊躇不決，倘若她們全力以赴並獲勝，便擔心會因此受到責罰或被拋棄；女性表示：她們對於競爭感到膽怯，寧可保持沉默也不願戰鬥。

這種「競爭恐懼症」阻礙了個人將自身潛能發揮到極致，從社會層面來看，當有半數的人口沒有貢獻出自己的天賦與才華時，每個人都會受到波及。因此，具有強烈智神星主題的人（尤其是女性）需要鼓起勇氣去捍衛自己的權利、展現自己的智慧，而無須擔心潛在的後果；在另一種極端情況裡，智神星的主題意味著為求勝利必須不計代價、陷入殘酷的競爭，以及為了證明自己的論點而破壞關係。

創造力與愛

作為處女戰神，帕拉斯‧雅典娜經常勸諫他人：不要在戰鬥之前進行性行為，保留體能和活力；這道命令象徵著智神星原型中，創造力與關係或頭腦與心之間的根本區別。就占星學而論，個人星盤中有強烈智神星主題的人，會感受到親密關係與工作志向之間的拉扯。通常，他們必須犧牲其中一方，才能推進另一方。

舉例來說，智神星型的女性，可能會發覺她對於職涯的需求取代了對於家庭的承諾，她所孕育的不是她身體繁衍的後代，而是她的思想和成就。就此而論，智神星原型於現代社會的出現，解釋了過去十年裡「職業婦女」顯著增長的現象，而智神星的主題象徵了出外工作的女性，在平衡其他生活層面時所遭遇到的困難，以及她們在專業領域中所遭受的差別待遇和性別歧視。

靈魂功課

當今，智神星型的人所遭遇的折磨和疏離，源自於陰性氣質和心智創造力互為相斥的假設。在一個認為能力、勇氣和才智是屬於陽性能量的世界裡，當女性表現出這些特質時，會被預設地認為與她的陰性氣質脫節，因此，智神星型的女性，其靈魂功課是重新找回失去的陰性本質——「不要將她看作摒棄陰性氣質的女神，而是她教導了我們將勇氣和脆弱、創造和接納都同等視為是陰性本質。」[17]

　　帕拉斯在胸甲的中央，佩掛著傳說中能把男人變成石頭的蛇髮女妖首級。佛洛伊德相信，這顆頭顱象徵著大母神可怕的生殖器，以及對女性性徵的恐懼和畏怯。由於這樣的連結，現代男女都懼怕黑暗的、原始的、本能的陰性本質，並認為這些本質與才智毫無關聯；然而，梅杜莎的本能力量、墨提斯的直覺智慧，以及帕拉斯本人的英勇無懼，都是帕拉斯・雅典娜自母系社會所繼承。認知陰性力量的來源，並將它與才智和心理功能相結合，是帕拉斯綜合陰性與陽性本質的關鍵；而這種對女性的救贖，又反過來解決了女性愛的天性與心智創造力無法並存的狀態。

智神星的玄祕教義

　　智神星的玄祕教義源自蛇髮梅杜莎，她的臉被飾於雅典娜的胸甲上。梅杜莎的蛇髮代表先知的智慧，並賦予聆聽預言的能力；梅杜莎斷裂的頭部所流出的血液，變成了長生不老藥，能讓亡魂起死回生；智神星因而也掌管著啟動昆達里尼的瑜伽技巧，這股力量能引導細胞重生，並透過開啟頂輪來獲得光明。

　　智神星也體現了神奇的意志，讓我們無須仰賴祭典和儀式，便能創造和控制自己的現實；透過創造性觀想，智神星能自然而然地顯化一切所需，她是祕術家而非神祕家，更是反對通靈的科學家，她運用自然法則將想法表現在物理層面上。

智神星的心理主題

創造性智慧的本質

智慧 · 社會正義 · 藝術才能 · 治癒力 · 政治活動 · 信心 · 勇氣 · 力量 · 英勇

雌雄同體

性別認同的失衡

否定陰性氣質 · 過度認同男性 · 性疏離 · 父女情結 · 愛情與創造力之間的矛盾

玄祕主題

昆達里尼（Kundalini）· 預言和神諭 · 神奇的意志 · 創造性觀想

---

① Homer, "The Hymn to Athena," The Homeric Hymns, trans. Charles Boer (Texas: Spring Publications, Inc., 1979), 137.
② H. J. Rose, A Handbook of Greek Mythology (New York: E. P. Dutton and Co., 1959), 108.
③ Robert Graves, The White Goddess (New York: Farrar, Straus and Giroux, 1978), 231.
④ Joseph Campbell, The Masks of the Gods: Occidental Mythology (New York: Penguin Books, 1981), 149.
⑤ Carl Kerenyi, The Gods of the Greeks, trans. Norman Cameron (Great Britain: Billings and Sons, Ltd., 1982), 123.

⑥ Robert Graves, The Greek Myths, vol. I (Maryland: Penguin Books, 1964), 99.

⑦ Kerenyi, The Gods of the Greeks, 121.

⑧ Graves, The Greek Myths, 44.

⑨ Graves, The Greek Myths, 17.

⑩ Campbell, The Masks of the Gods, 152.

⑪ Aeschylus, The Orestian Trilogy, trans. Philip Vellacott (Maryland: Penguin Books, 1962), 169.

⑫ Aeschylus, The Orestian Trilogy. 170.

⑬ Aeschylus, The Orestian Trilogy. 172.

⑭ Aeschylus, The Orestian Trilogy, trans. Philip Vellacott (Maryland: Penguin Books, 1962), 169.

⑮ Murray Stein, "Translator's Afterthoughts," in Athene, by Carl Kerenyi (Switzerland: Spring Publications, 1978), 77.

⑯ Linda S. Leonard, The Wounded Woman (Colorado: Shambala Press, 1982).

⑰ Christine Downing, The Goddess: Mythological Images of the Feminine (New York: The Crossroad Publishing Co., 1981), 103.

第七章

星盤中的智神星

★

　　希臘人崇敬智慧與正義女神——帕拉斯‧雅典娜，是藝術的守護者與國家的守衛者，她無所不知，給予人們明智的建言。

　　原為古老利比亞之亞馬遜女王的帕拉斯‧雅典娜，因從天神朱庇特的頭部冠脈單性生殖而來，而廣為奧林匹亞的希臘人所知；此為簡化後的版本。在早期的故事中，朱庇特吞下他的第一個妻子，身孕雅典娜的海洋女神墨提斯。從外在層面來看，這代表國家需要汲取並適應陰性智慧的本質；從內在層面來看，這則神話追溯了意識的變革——渴望繁衍的性能量被分化為兩極，從而釋放心智創造力的衝動，而帕拉斯‧雅典娜恐懼成功的病態，源於女性在文化制約與心智創造之間的分歧。

　　作為女兒，帕拉斯‧雅典娜象徵將創造性智慧以思想形式呈現，藉由理解顯化的自然規律，作用於個人實現與成就的能力。

　　在占星學中，智神星描述了我們如何面對學習、創造力、藝術、政治、治療、關係疏離、競爭和恐懼成功等議題。

　　智神星所在的星座，描述了十二種透過心智創造力而運作的感知方式。

　　智神星所在的宮位，說明了我們在哪些領域展現對心智創造力的渴望，以及我們可能在該領域萌生對成功的恐懼而使心智創造力的展現受阻。

　　智神星與其他行星的相位，描繪了心智創造力如何與人格的其他面向做整合。和諧相位代表能與該行星所代表的事項順暢地融合，而緊張相位意指個人對創造的需求與其他生活層面的需要之間存著潛在衝突；當個人能將星盤中智神星衝突相位的不同需求加以掌握與整合時，便不再需要透過壓力來學習平衡。

智神星在占星學的主掌領域

智神星作為智慧女神，是聰明才智的象徵

智力範圍——天才到唐氏症患者 · 學習問題 · 智力發展遲緩 · 感知困難 · 色盲 · 手眼協調 · 對於整體圖像和系統的感知 · 解決問題 · 疑難排解 · 技能 · 精確 · 規劃 · 前瞻 · 實用 · 科技 · 協調

智神星作為工匠的守護者，珍視藝術

藝術創作 · 視覺藝術 · 素描 · 繪畫 · 圖像 · 設計 · 攝影 · 家庭工藝品 · 紡紗 · 編織 · 針織 · 縫紉 · 陶藝 · 鑄鐵 · 冶金 · 樂器

智神星的海吉亞面向，代表著治癒能力

心理治療 ・ 觀想 ・ 催眠 ・ 肯定 ・ 透過平衡來進行物理治療 ・ 極性療法 ・ 長壽飲食 ・ 針灸 ・ 順勢療法 ・ 細胞再生 ・ 透過引導、淨化、極化電流達到能量治療 ・ 透過平衡和整合進行心理治療 ・ 格式塔學派 ・ 溝通分析 ・ 演劇心理治療

智神星作為正義女神和國家的守衛者，掌管政治活動

捍衛正義 ・ 法律 ・ 法律事務 ・ 人民的前鋒 ・ 少數族群的捍衛者 ・ 核子武器 ・ 噴霧劑 ・ 特別出眾的人 ・ 年老者 ・ 年輕者 ・ 種族／民族 ・ 和平的藝術 ・ 調解員 ・ 外交 ・ 顧問 ・ 公正的證人 ・ 武術 ・ 功夫 ・ 太極拳 ・ 合氣道 ・ 擊劍 ・ 好戰的女權主義

智神星支持專業領域的卓越成就

就業訓練 ・ 職業指導 ・ 專業領域的歧視和性別歧視

智神星在十二星座

以下各節所引用的星盤數據來源，以數字圓圈表示：

❶ Lois Rodden 著，The American Book of Charts

❷ Lois Rodden 著，Profiles of Women

❸ Marc Penfield 著，An Astrological Who's Who

　　智神星在白羊座，展現出一種尋求行動或啟動的洞察，「看見」如何讓事情有所進展。由於白羊座與生命能量有強烈的連結，智神星的療癒即以啟動生命力的視點，表現在例如順勢療法或針灸等技術。智神星在白羊座的美學是藉由運動員的身體作為載體，來展現其創作的動力，或表現在動態藝術（kinetic art）等前衛領域。從政治的角度來看，智神星白羊座的人是一位驍勇好戰的勇士，能激發人們為了信仰而戰鬥的能量。智神星在白羊座的智慧是靈光乍現——「腦力激盪」或者衝動式的創舉。

星盤案例：魔術師哈里・霍迪尼（Harry Houdini）的智神星位於白羊座，他以逃生藝術家的危險壯舉享譽全球。❸ ①

女槍手安妮・歐克利（Annie Oakley）是使用手槍、步槍和散彈獵槍的專家，她的智神星位於白羊座。❶

　　智神星在金牛座，代表經由身體的感官來感知，持續地透過視覺、聽覺和觸覺來「看見」物質世界的自然之美。由於金牛座與大地和物質之間的強烈連結，智神星得以將自然的力量運用於工作上，或透過雙手來進行療癒。從美學的角度來看，智神星在金牛座是有力的位置——擅長運用顏色、圖框和紋理，透過藝術、音樂和環境美化來呈現美感。從政治的角度來看，智神星在金牛座象徵為土地而戰——環境生態或土地改革。智神星在金牛座的智慧是「常識」——民俗療法的實用建議或街頭知識。

星盤案例：女演員凱瑟琳・赫本（Katharine Hepburn）的性感魅力，有一部份來自她的智神星與月亮合相於金牛座第七宮。❷

　　智神星在雙子座，代表藉由書寫和口語表達來感知，透過大量的文字及語言來「看見」世界。在療癒方面，智神星雙子座運用言語的力量，諸如肯定的話語、神經語言程式學和語言治療等技能；作為一名分析師，智神星雙子座運用文字引導出無意識。從美學的角度來看，智神星在雙子座是作家和詩人的優勢，以文字來創造意象，或如說故事的人，以傳統口語的方式進行創作。從政治的角度來看，智神星雙子座的人是善用文字的戰士——演說家、辯論者、政治作家——將內在的真理轉譯成文字。智神星在雙子座的智慧是知識——知曉，來自一個人的內在思想，而悖論也是理解的一環。

星盤案例：前瞻型占星家暨作家馬克・埃德蒙・瓊斯（Marc Edmund Jones）的智神星位於雙子座第七宮。❶

喜劇演員蘭尼・布魯斯（Lenny Bruce）以具社會爭議的諷刺作品而聞名，他的智神星位於雙子座第七宮。❶

　　智神星在巨蟹座，代表透過情感來感知，即透過向外摸索的方式「看見」世界。智神星巨蟹座以營造出滿足基本生理需求的環境——溫暖、舒適、食物與安全——進行療癒。從美學的角度來看，智神星巨蟹座可以輕易地透過居家藝術（例如美食主廚）來表現其創

作才能，成為宴客的主人／女主人，或者創造出充滿氛圍的環境。從政治的角度來看，智神星巨蟹座的人是家園和家庭的守護者、國家的愛國者，以及兒童、長者、殘疾者或需要幫助之人的發聲者。智神星在巨蟹座的智慧是同理——透過極為敏感的情緒雷達來理解他人。

星盤案例：第一位登陸月球的太空人尼爾·阿姆斯壯（Neil Armstrong），他的智神星與木星合相於月亮所主管的巨蟹座。❸

愛國者內森·黑爾（Nathan Hale）曾道：「我唯一的遺憾，就是只有一條命可以獻給我的國家」，他的智神星與穀神星合相於巨蟹座。❸

智神星在獅子座，代表一種格外強烈的創意，「看見」如何將個人獨到觀點印記於世界之中。作為療癒者，智神星獅子座採用藝術治療、演劇心理治療、戲劇（沙盤）療法、舞蹈療法和愉悅減壓等方式。智神星在獅子座，透過編劇、演戲、表演、求愛與浪漫作為藝術形式，並藉由太陽的能量來釋放創造力；智神星獅子座的人具有特殊魅力，作為事業中的代表人物，他們是舞台前受注目的焦點，並透過政治喜劇和戲劇來吸引大眾。智神星在獅子座的智慧是創作的衝勁——催生出新的表現形式。

星盤案例：具有超凡魅力和勇氣的副總統候選人傑羅丁·費拉羅（Geraldine Ferraro），她的智神星位於獅子座與太陽處女座形成合相。

西蒙・玻利瓦（Simon Bolivar）是拉丁美洲的自由主義者，他的智神星與穀神星合相於獅子座。❸

智神星在處女座，顯示出一種分析式的洞察力，能夠斷開周邊多餘的雜訊，「看見」事物以最簡單的形式所呈現的本質。智神星處女座精通哈達瑜伽技巧，並透過食物（營養師和草藥師）和運動來淨化身體。從美學的角度來看，智神星處女座透過精細的工藝將意象實體化，使之實際運用於生活中，例如陶藝、木工、縫紉和電腦程式。從政治的角度來看，智神星處女座的人為任何領域的完美、高品質和高標準而奮鬥。智神星在處女座的智慧是辨別──把小麥從粃糠中篩離出來。

星盤案例：療癒師艾倫・約阿庫姆（Ellen Yoakum）的智神星位於處女座第四宮，他只需看一眼就能診斷病情，然後把手放在病人身上完成療癒。❷

智神星在天秤座，映照出一種尋求調和對立的感知，從空間關係的角度去「看見」世界，帶來平衡、組合以及凝聚力。作為療癒者，智神星天秤座運用能量平衡的技巧，例如極性療法、長壽飲食（陰與陽）、太極、婚姻諮詢、衝突管理以及格式塔療法。從美學的角度來看，智神星在天秤座是有力位置，善於創作具備和諧感的設計，包括圖像設計、室內設計和時裝設計。從政治角度來看，智神星天秤座是正義的捍衛者，尋求執行和平的藝術──調解、外交和法

律行動。智神星在天秤座的智慧是平衡──協調與整合極性的能力。

星盤案例：電視女主持人芭芭拉·沃爾特斯（Barbara Walters）的智
神星位於天秤座，她一直是媒體業中的女性開創者。②

　　智神星在天蠍座，具有穿透一切的洞察力，如同 X 光，能「看
穿」表象下的事物。作為療癒者，智神星在天蠍座是非常強大的位
置──直搗困境的核心，並找出問題的根源；此外，她以深度心理
學的技巧，將潛意識帶出意識層面，例如原始的嘶吼、前世回溯和
催眠；另外，性治療和細胞修復，也是她療癒方式的一部分。從美
學的角度來看，智神星天蠍座代表象徵式的藝術，例如曼陀羅，意
義之中蘊含更深度的意涵，或者以性作為藝術的形式，例如譚崔性
愛（Tantric Practices）或《慾經》（*Kama Sutra*）。從政治的角度來
看，智神星天蠍座的人是一名無所畏懼、冷酷無情的戰士，把控群眾
的力量，專精於策略和間諜活動。智神星在天蠍座的智慧是深度洞
察──滲透到核心並掌握其本質。

星盤案例：外科醫生克里斯蒂安·巴納德（Christiaan Barnard）進行
了歷史上首次的人類心臟移植手術，他的智神星與太陽合相於天蠍
座。❸

富有想像力的偵探小說作家阿嘉莎·克莉絲蒂（Agatha Christie），她
的智神星位於天蠍座第二宮。❷ ③

　　智神星在射手座，意味著概念上的感知，能以寬闊的視野「看見」大局。作為療癒者，這表現為心智的療癒——運用完美而清晰的意象作為力量，來達到整體共感與變化；射手座與宗教的連結代表靈性知識，諸如薩滿或上師。在美學方面，智神星射手座渴望透過創造藝術來傳達宇宙法則（塔羅牌），或強調民族特色及其文化特質的藝術。從政治的角度來看，智神星射手座是真理和正義的捍衛者，為意識型態而戰，亦象徵了統治者身旁的賢德之士或顧問（如同梅林之於亞瑟王），或宗教戰士，例如十字軍和聖戰（在穆斯林的聖戰中）。智神星在射手座的智慧是融合——敦促各方凝聚整合為一體。

星盤案例：作家暨人權與思想自由的捍衛者伯特蘭・羅素（Bertrand Russell），他的智神星位於射手座。❶

牧師傑西・傑克遜（Jesse Jackson）的智神星位於射手座，他的政治競選活動是以宗教意識形態為基礎。

　　智神星在摩羯座，象徵結構性的感知，透過理解支撐形式的基礎結構去「看見」。作為療癒者，這代表可以經由骨骼的癒合來治癒，例如整脊、姿勢矯正、魯爾夫治療法（Rolfing）、深層組織按摩和齒科保健。從美學的角度來看，智神星在摩羯座是非常強大的位置，能將原始的創造力聚合，整併為精確的結構（模具）；此能力可以即時的顯現，且通常被視為是一個神奇的過程；擅長建築藝術、製

圖和雕塑。將摩羯座與時間的關係以及智神星掌握時機的能力加以連結——即把人事物在對的時間放在對的地方。從政治的角度來看，智神星摩羯座的人是法律與秩序的捍衛者，並十分渴望在政治和社會機構中成為掌權者。智神星在摩羯座的智慧是秩序——將事物依照適當的秩序加以安置。

星盤案例：著名雕塑家奧古斯特·羅丹（Auguste Rodin）以物理形式呈現出自己美麗的形象，他的智神星位於摩羯座第十二宮。❶

　　智神星在水瓶座，代表著對未來的感知，可以「看見」未來的各種可能性。作為療癒者，透過振動的頻率工作，諸如顏色、聲音、晶體和白光（就像太陽的散射）。從美學的角度來看，智神星水瓶座透過創造新事物來展現——發明家或者天才，創作科幻藝術、電腦圖像、新浪潮音樂、搖滾樂影片和激進藝術，這些藝術家走在未來的前緣，為大眾詮釋那即將迎來的調性。從政治的角度來看，智神星水瓶座的人是政治革命家，他們倡導與捍衛人權，並組織草根型的抗爭活動。智神星在水瓶座代表未來的智慧——創造形式，造福後代。

星盤案例：特立獨行的政治人物暨人道主義者亞伯拉罕·林肯（Abraham Lincoln）、厄爾·華倫（Earl Warren）和馬丁·路德·金（Martin Luther King），他們的智神星都位於水瓶座。❶

占星家、飛行員暨門薩成員羅伊斯·羅登（Lois Rodden），她的智神

星位於水瓶座上升點。❷

　　智神星在雙魚座，表現出滲透性的感知，透過將自己融入於稠密的真實空間，以體驗直接連接主體的方式去「看見」。作為療癒者，擅長心理療癒和信念療癒，採用引導式心像法、幻想和夢境解析等心理技術，以及冥想、奉獻、指導靈、靈性實踐等。從美學的角度來看，智神星雙魚座於藝術表達中展現其詩意、具啟發性和奇幻的特質，於電影與攝影媒體中巧妙運用光、影和幻象的創作技巧，包括喚醒感覺的空靈音樂（合成音樂）。從政治的角度來看，智神星雙魚座的人是拒絕爭端、非暴力抵制的擁護者：「當人打你的臉，另一邊的臉也由他打」，也是具啟迪性的戰士、菩薩與殉道者。智神星在雙魚座的智慧是同理心——體悟塵世間的痛苦，以及人類對幸福的渴望。

星盤案例：華特・迪士尼（Walt Disney）是米老鼠和唐老鴨等著名卡通人物的創作者，他的智神星位於雙魚座。

智神星在十二宮位

　　智神星在第一宮，代表個人認同強烈仰賴智力、權力或創造力；智神星第一宮的人可能展現出雌雄同體的特質，或者違背男性與女性的刻板印象。

星盤案例：女性飛行員愛蜜莉亞‧艾爾哈特（Amelia Earhart）的智神星位於金牛座且合相上升點，她說：「女人應當嘗試跟男人做同樣的事。即便我們失敗了，我們的失敗經驗同樣也是其他人挑戰的標竿。」❷

智神星在第二宮，指出對於獲取資源有強烈的實踐意識，並富有創意的技巧；智神星第二宮的人可以透過創造性的觀想過程，於生活中顯化豐盛的物質財富或價值。

星盤案例：詩人傑克‧凱魯亞克（Jack Kerouac）的智神星合相北交點第二宮，他抗議中產階級價值觀的唯物主義。❶

智神星在第三宮，象徵強烈的直覺力，他們能以語言和溝通進行創作、革新教育技術，或成為環保主義者；智神星第三宮的人具有個人智慧，並對知識有強烈的渴望。

星盤案例：理查‧阿爾珀特（Richard Alpert）的智神星與海王星合相於處女座第三宮，他自然而然地開始投入、並研究另類的心智詮釋。❶

智神星在第四宮，象徵此人可能具備高度靈感的能力或極富同情心，其潛意識為智慧的來源；智神星第四宮的人也擁有營造家庭與渡假氛圍的出色才華。

星盤案例：作家兼廚師茱莉亞‧柴爾德（Julia Child）的智神星與太陽合相於獅子座第四宮。

　　智神星在第五宮，展現個人孕育原創思想的過人天賦，他們能將生殖能量轉移至創意工作，或者透過犧牲熱情而得到友誼；當智神星第五宮的人處於這樣的狀態時，易出現性隔離（sexual isolation）。

星盤案例：海倫‧佛蘭肯瑟勒（Helen Frankenthaler）被認為是當代最重要的抽象畫家之一，她的智神星位於水瓶座第五宮。❷

　　智神星在第六宮，能善用聰明才智來整合系統，使之更為完善，藉由個人的做事方法或工作來表現其創造力，或者透過有力的心智治療來療癒身體；智神星第六宮的人也可能是工作權利的倡導者。

星盤案例：愛德加‧凱西（Edgar Cayce）以預言和療癒能力為人們服務，他的智神星位於摩羯座第六宮。❸ ④

　　智神星在第七宮，展現出強大的調解和諮詢能力，其創造性的智慧與技能可以用來改善人際關係，也由於關係與創造力之間的衝突，個人在親密關係與性愛領域可能遭遇困難；智神星第七宮的人，通常在非私人關係中的運作，會比在私人關係中表現得更好。

星盤案例：莎莉‧麥克琳（Shirley MacLaine）直言不諱，是倡導婦女

權利的先驅者，她的智神星與水星合相於白羊座第七宮。

　　智神星在第八宮，代表突出的通靈智慧或預言智慧，這些人在合夥與金錢事務有著出色的創造力，亦能運用性愛的神奇力量，以及透過昆達里尼瑜伽成為靈性轉化者；智神星第八宮的人能在體驗傳統性表達的侷限之後，將性昇華到創造與轉化的境界。

星盤案例：精神領袖帕拉宏撒・尤迦南達（Paramahansa Yogananda）為自我實現的運動（Self-Realization Movement）的創始人，其智神星位於雙魚座第八宮，他終生獨身，是一名神祕主義者。❶⑤

　　智神星在第九宮，代表個人的創造性思維會透過政治、哲學或社會意識型態來展現，而其思維能經由教育來革新；智神星第九宮也是參與法律和行動主義的象徵。

星盤案例：傑佛遜・戴維斯（Jefferson Davis）是南北戰爭期間南方國家憲法權利的擁護者，他的智神星位於水瓶座第九宮。❸⑥

麥達琳・默里・歐黑爾（Madalyn Murray O'Hair）的智神星位於水瓶座第九宮且與土星形成對分相，她反對宗教組織，在「公立學校強制進行祈禱等宗教活動」一案擔任律師並贏得訴訟。❷

　　智神星在第十宮，展現專業領域並獲得認可與成就的強烈使命

感，他們可以運用自己與生俱來的智慧發展個人事業。對於女性而言，智神星第十宮強調職業上高度成功的原型，如果未能將其情感需求融入，則可能會以否定自己的陰性氣質作為成功的代價。

星盤案例：鼓勵女性解放的《柯夢波丹》雜誌主編海倫·古利·布朗（Helen Gurley Brown），她的智神星與木星合相於天秤座第十宮。❷

　　智神星在第十一宮，象徵構思與誕生新的社會願景，以團體的形式，在社會組織中實施新的概念，並透過與兄弟會或姊妹會等組織的合作，進一步提升個人創造力；智神星第十一宮的人，天生帶有強烈的政治特質，熱衷於社會變革，透過成為倡導者或發言人展現個人創造性的智慧。

星盤案例：音樂家巴布·狄倫（Bob Dylan）創作了社會改革的抗議歌曲，他的智神星位於射手座第十一宮且與太陽形成對分相。❶

　　智神星在第十二宮，代表與集體無意識連結的智慧，精通於精神上的教導，智神星於此宮位，也代表個人在心理、智力和信仰系統的運用會與業力有關，他們可能會在心理或智力上受限（遲緩、精神崩潰）；智神星第十二宮的人，其積極的面向是能將心智運用於造福他人，或者提供他人靈性上的服務。

星盤案例：因各自的政治立場，安吉拉‧戴維斯（Angela Davis）被監禁，而貝蒂‧赫茲（Patty Hearst）被綁架，兩人的智神星皆被禁錮於第十二宮。❷

智神星與其他行星的相位

智神星與太陽的相位

智神星的心智創造與太陽的自我認同、生命目標結合，此組相位代表將性能量的創造力轉化為藝術或心靈上的成就，是生命目標的核心。

和諧相位代表個性、才智和勇氣的力量；這些人傾向透過藝術、政治或療癒的形式來進行創作，由於去除了男女角色的極性，他們通常會在各種類型的性關係中感到自在。

緊張相位象徵對於自我能力能否達到成就的恐懼，導致心理和創作過程的障礙，也可能與父親相處得不愉快；這些人可能會覺得與自己的性別角色是疏離的，因此，他們在與他人性互動時，可能會困惑不已——直到他們能釐清自己內心為止。

克服這些挑戰的辦法，是學會將自己創作的願望，和諧地融入人生的基本目標當中。

星盤案例：約翰‧藍儂（John Lennon）的智神星與太陽合相於天秤座，透過他的歌曲《給和平一個機會》（*Give Peace a Chance*），為世界帶來了團結與和平的願景。❶

荷蘭前女王碧翠絲（Beatrix）的智神星與太陽合相於水瓶座第十一宮，她是位具有法學學位、獨立而聰明的女性，一生投入於訓練自己以公民的立場擔任荷蘭女王。❷

博物學家查爾斯‧達爾文（Charles Darwin）的智神星與太陽合相於水瓶座，他原創的天擇演化理論，帶來了生物科學領域的革命。

科學家兼作家瑞秋‧卡森（Rachel Carson）的智神星與太陽合相於雙子座，透過她的著作《寂靜的春天》（*Silent Spring*）呼籲大眾注意農藥的浪費和破壞性的使用。❶

智神星與月亮的相位

智神星的心智創造與月亮的情緒感覺結合，此組相位可以表現出智力和情感的融合，對於情感世界能有清晰的感知。

和諧相位代表高度的直覺力、豐富的心智以及整體的精神能力，他們強烈地感受到自身的陰性能量和能力，並能清楚地展現出來；這些人可能會參與保護和捍衛少數族群的活動。

　　緊張相位可能顯現在感受與思想、個人的情感需求與成就需求之間的持續矛盾，這些人可能感覺與母親疏離，從而與自己的女性身分疏離，其他的挑戰可能還包括因缺乏教育和自信，使他們感到依賴與無助。

　　克服這些挑戰的辦法仰賴於對陰性智慧的認同，進而將思想與心靈、邏輯與直覺、溫暖和感受融為一體。

星盤案例：西蒙・波娃（Simone Beauvoir）的智神星位於處女座第十宮，且與月亮雙魚座形成對分相，她是一位傑出的存在主義哲學家，與尚—保羅・沙特（Jean-Paul Sartre）一起引領著巴黎前衛知識分子。

弗雷德里克・蕭邦（Frederic Chopin）是一位鋼琴作曲家，以譜出浪漫動人的旋律而聞名，他的智神星位於白羊座且與月亮天秤座形成對分相。❸ ⑦

俄羅斯的強勢領導人凱薩琳大帝（Catherine the Great）的智神星位於射手座上中天附近，與月亮形成對分相，她鼓勵了科學、文學、藝術和民族文化的發展。❷

科學家威利・萊（Willy Ley）的智神星與月亮合相於白羊座，他是一位在太空旅行與火箭的主題上多產的作家。❶

智神星與水星的相位

智神星的心智創造法則與水星的才智結合，此組相位強化了智神星所象徵的創造性智慧。

和諧相位描繪了強大的創造力和智力，這些人經常在文字運用與媒體溝通上展現出力量和技巧，他們也可能精通於調解、談判、證言以及正向思考的藝術。

緊張相位代表個人在推理、創造和口頭表達自己的想法上存有潛在的障礙，此相位可能指向學習障礙，或者是知覺、聽覺及精神功能障礙。

克服這些挑戰的辦法，在於將個人的理性才能與創作的衝動調校，達成一致性，以成功地傳達自己的原創想法。

星盤案例：居里夫人（Marie Curie）是唯一同時獲得諾貝爾化學獎和物理獎的人，她的智神星與水星合相於射手座；然而，因為她是女性，所以她從未被科學院錄用。❷

中國國民黨的政治和軍事領導人蔣介石，他的水星位於射手座，與智神星呈四分相。❸ ⑧

智神星與金星的相位

　　智神星的心智創造與金星的愛和性的陰性本質結合。由於金星維納斯是美之女神，此組相位彰顯了智神星的美學特質。

　　和諧相位代表能夠將性能量引導至藝術表現中，對女性的性別認同也會與外在世界的成就融合；由於其內在的性能量處於平衡的狀態，他們可能會是雌雄同體，且能輕易地經驗多樣化的性交流，也可能渴望成為婦女平權運動的倡導者。

　　緊張相位可能表示在性能量的創造性表達受阻，親密關係與創作成就之間所面臨的選擇性衝突，可能導致為了其中一方的利益而犧牲另一方，也可能對女性性別的本質發生混淆。

　　克服這些挑戰的辦法，不僅要學會從外部世界積極創造，也要學會接納與開放，才能從中汲取必要的靈感；一般而言，這代表著個人內在男性與內在女性能量的平衡。

星盤案例：歌手艾爾頓・強（Elton John）的智神星與金星形成合相，描繪出他雌雄同體的傾向與創造力。❶ ⑨

小野洋子（Yoko Ono）的智神星與金星合相於水瓶座第五宮，描繪出她前衛的藝術創造力，以及她獨立的感情生活態度。❷

智神星與火星的相位

智神星的心智創造與火星行動和主張的陽性本質結合，此組相位強調了智神星的英勇和行動主義。

和諧相位代表能夠以策略性技巧與自信來執行完善的計畫，為其所珍視的理念而奮戰，為取得勝利而拚搏，使陽性能量得以充分的發揮與展現。

緊張相位可能代表在性能量的創造性表達受阻，或者沒有能力去實現創意，性事挫敗也會導致個人感覺性能力不足，以及出現補償式的好戰行為；過度陽剛或者不夠陽剛，都可能對男性帶來性別認同的混淆。

克服這些挑戰的辦法，在於將個人創造與思考的過程，與意志和執行力保持一致，學習適當地運用自己內在的力量與勇氣，將有助於這個過程。

星盤案例：消費者鬥士兼保護者拉爾夫‧納德（Ralph Nader），展現出他智神星與火星合相於雙魚座的使命召喚。

具有超凡魅力和進取精神的傳教士葛理翰（Billy Graham），他的智神星與火星合相於射手座。

智神星與灶神星的相位

智神星的創造性表達與灶神星的聚焦結合，這是顯化與聚焦個人願景的強力組合。

和諧相位能描繪出被某個觀點啟發或投入某項目標的能力，這些人能將性能量昇華為藝術、政治、智慧或精神上的追求，此組相位也可能代表療癒技術的天賦。

緊張相位代表個人在智力或創意的展現受阻，此外，過度投入於自己的創作過程，可能導致在社交與性事方面與他人疏離，在某些情況下，也可能成為政治狂熱者。

克服這些挑戰的辦法，是運用灶神星的自我整合與匯聚的能量來傳遞和實踐創意。

星盤案例：嘉莉‧納蒂翁（Carrie Nation）的灶神星位於處女座且與智神星雙魚座形成對分相，她看見了幻象，而深感自己的使命是反對酗酒。❶

魯道夫‧紐瑞耶夫（Rudolf Nureyev）逃離俄羅斯以追求自己的舞蹈事業，展現了他灶神星位於射手座四分相智神星雙魚座所呈現的張力。❸

智神星與婚神星的相位

智神星的心智創造與婚神星的連結渴望結合，此組相位會透過伴侶關係來強化創造的過程。

和諧相位代表能經由與他人合作而達成創作成就；由於個人取得了內在男性與女性特質的平衡，因此也為外部關係帶來和諧與合作，這些人通常會鼓勵並支持另一半的創造性發展。

緊張相位代表創作與關係的需求之間潛在衝突，其伴侶可能讓自己的創造力和智力成就受限，另外，個人內在男性與女性特質的失衡，可能導致與他人互動的困難（例如，早期的父親情結可能會延續到成年後的關係中）。

克服這些挑戰的辦法是在個人的創作過程中承認他人的價值，並找到一種將他人的貢獻融入其中，同時仍忠於自己的方式。

星盤案例：英國小說家瑪麗・雪萊（Mary Shelley）與丈夫珀西（Percy）在創作上美好而融洽的關係，可以從她的智神星與婚神星合相於處女座第四宮來描繪。❷

神祕學家阿萊斯特・克勞利（Aleister Crowley）的智神星與婚神星合相於處女座，且與月亮雙魚座形成對分相，他寫下了伴侶在性儀式中

讓創意視覺化的力量。❶

伊莉莎白・雅頓（Elizabeth Arden）的智神星與婚神星合相於雙魚座，她創建了一個成功的化妝品帝國。❷ ⑩

智神星與木星的相位

智神星的心智創造與木星擴張拓展的渴望結合。木星也象徵對真理和意義的追求，因此，此組相位強調並強化了智神星的知識活動。

和諧相位代表可能具有非凡的智慧，這些人可能思想開明、帶有前瞻性的思維，能夠悟透人類所面臨的整體社會問題的意涵，他們可能因而從事哲學、司法或教育進修，或者參與爭取正義與捍衛真理的奮鬥。

緊張相位可能指出個人的野心和道德之間潛在衝突，特別是當個人擁有過高的成就需求時，而這可能由於父親表達出對孩子的高度期望所致；這組相位也可能意味著在理解或表達其概念與想法上的心智障礙。

克服這些挑戰的辦法，就是在社會表達的範疇中擴大個人的心智創造力，為社會帶來最高福祉。

星盤案例：形上學作家保羅・福斯特・凱斯（Paul Foster Case）是傳授塔羅牌與卡巴拉的 B.O.T.A. 奧術學校創始人，他的智神星與木星合相於獅子座。

溫斯頓・邱吉爾（Winston Churchill）爵士是第二次世界大戰期間的英國首相，也是歷史上最偉大的政治家之一，他的智神星位於白羊座且對分位於天秤座的木星，巧妙地描繪了這一點。❶

女演員凡妮莎・蕾格烈芙（Vanessa Redgrave）說道：「我一向慎選銀幕角色，如此一來，一旦我的演藝生涯走到了盡頭，我才可能充分表達出近代史上受迫害人們的故事。」她的智神星與木星合相於摩羯座第五宮，描繪出這個特質。❷

智神星與土星的相位

智神星的心智創造與土星鞏固的渴望結合，此組相位能引領個人將自我約束和結構納入創作的過程，讓個人的創造性思想得以具體實現。

和諧相位表示集中精神和聚焦的能力，這些人可能感覺自己有某些社會責任，並且反對不公正的法律；這組相位所具備的優勢與成功的特質，也可能對其女性的身分認同有很大貢獻。

　　緊張相位指出，在實用主義的需求與自由藝術的表達之間存有潛在衝突，可能阻礙他們的創作過程；而來自父母的壓力和對成功的高度期望，也可能導致這些人對自己的創作能力失去信心。

　　克服這些挑戰的辦法，是透過土星發展出強大的結構與穩定的基礎，這將帶來支持，有助於個人實現其心智與創作的過程。

星盤案例：革命思想家卡爾·馬克思（Karl Marx）提出了唯心主義政治觀點，他的智神星與土星合相於雙魚座第一宮。❶

希特勒的情婦伊娃·布朗（Eva Braun）的智神星與土星合相於第七宮，描繪了兩人長久的情誼、她的忠誠與孤獨，以及她犧牲了自己的創造潛能。❷

智神星與天王星的相位

　　智神星的心智創造與天王星的個體性和直覺結合。

　　具有此組相位的人可以把創作的動力普世化，進而發展出一種願景以及對人道主義的體悟。

　　和諧相位描述了一種原創而直觀的思想，在科學和科技領域特別具有創造力，此相位可能代表具備運用電場療癒的能力，這些人也

可能參與社會改革、人權鬥爭和革命事業；這組相位還可能代表雙性戀的傾向，並能與任何類型的人結為朋友。

緊張相位代表思緒的不穩定與神經系統的過載，抑制了心智創造力的充分展現，也由於他們需要跳脫傳統，因而可能導致過度叛逆的思想和行為。

克服這些挑戰的辦法，在於將自己心智創作的動力，與更高層次的、超越個人的思想結合。

星盤案例：反對偶像崇拜的阿倫‧沃茨（Alan Watts），展現出智神星與天王星合相於水瓶座第二宮所彰顯的非常規價值。❶

飛行員海倫‧布徹（Helen Boucher）締造了七項世界速度記錄，並專門從事特技飛行表演，呈現出智神星位於第一宮且與位於第五宮的天王星形成三分相的特質。

智神星與海王星的相位

智神星的心智創造與海王星超然的渴望結合。具有此組相位使他們的感知能力更為敏銳，並能進入更奧妙的領域和面向。

和諧相位描述了心電感應的能力，以及透過色彩和音樂進行心

理治療的能力；在美術、電影和攝影方面可能展露特殊才華，這些人也可能具備崇高的信念和靈性。

　　緊張相位可能導致個人對現實的認知混淆，無法區分真實與虛幻，在某些情況下，可能會出現精神錯亂和幻覺；也由於海王星象徵感染力，這些人可能會吸引並受到負面能量的影響，也可能經歷自身信仰系統的瓦解，或者被灌輸盲目的信仰。

　　克服這些挑戰的辦法，是運用自己的心智創造力，在與現實世界的互動過程中，對於奧微的面向，發展出完整而務實的認知。

星盤案例：聖弗朗西斯卡‧卡布里尼（Saint Francesca Cabrini）的智神星與海王星合相於雙魚座，她將自己對於性和關係的需求，昇華為事工服務。❷

其他有智神星與海王星相位的形上學學者，包括阿麗斯‧貝里（Alice Bailey）❷、海倫娜‧布拉瓦茨基（Helena P.Blavatsky）❷、理查‧艾伯特（Richard Alpert）❶、馬克‧埃德蒙‧瓊斯（Marc Edmund Jones）❶和諾斯特拉達姆士（Nostradamus）❸。

魔術師明內特‧萊尼爾（Minette Lenier）為娛樂創造了幻象，她的智神星與海王星合相於第五宮。❷

智神星與冥王星的相位

智神星的心智創造與冥王星轉化的渴望結合，此組相位強調了足以改變現實的思想力量。

和諧相位代表能創造想法的心智力量，能以此影響和轉化他人，此相位可能具備進行再生療癒的技術，並能將之運用於發明和藝術創作的過程；此外，個人的內在與外在的男性／女性身分和角色，也可能有深遠的變化。

緊張相位可能代表個人所呈現的性別認同和創作潛力，受到深層無意識的阻礙，其心智也可能存在著強烈的執念與固著，且主導著個人的思想。

克服這些挑戰的辦法，在於釋放心智表達的消極面向，並以信念、希望和正向思考來替代，正如古老諺語所說的，「只要心意更新而變化」。⑪

星盤案例：亞歷山大・格拉漢姆・貝爾（Alexander Graham Bell）的智神星與冥王星、天王星合相於白羊座，透過他的思想和發明轉化了世界，他還教授聾啞兒童音樂和演說。❶

無意識的研究者佛洛伊德（Sigmund Freud），他的智神星與灶神星、

冥王星合相於金牛座第六宮。❶

---

① 譯者註：經查證星盤，作者以 April 06, 1874 起盤。
② 譯者註：經查證星盤，作者以 1931 年起盤。
③ 譯者註：經查證星盤，作者以 07:00 起盤。
④ 譯者註：經查證星盤，作者以 13:30 起盤。
⑤ 譯者註：經查證星盤，作者以 20:26 起盤。
⑥ 譯者註：經查證星盤，作者以 06:00 起盤。
⑦ 譯者註：經查證星盤，作者以 February 22, 1810, 18:00 起盤。
⑧ 譯者註：經查證星盤，作者以 14:00 起盤。
⑨ 譯者註：經查證星盤，作者以 16:00 起盤。
⑩ 譯者註：原文為 Pallas conjunct Juno in Capricorn，經查證星盤為作者筆誤，故
　　將「摩羯座」改為「雙魚座」。
⑪ 譯者註：出自《羅馬書》第十二節第二章。

第八章

灶神星：永恆聖火

———————————————————————————— ★

「……以及第三項阿芙蘿黛蒂不待見赫斯提亞之處。

赫斯提亞是狡猾的克洛諾斯的第一個孩子（也是最後一個從他肚子出來，多虧手持埃癸斯的宙斯），她亦是波賽頓與阿波羅傾慕的對象，但他倆皆非她所願，故嚴詞拒絕二人。

她撫著手持埃癸斯的天父宙斯的頭，許下了重誓，這一次的宣誓果若成真，她每日都將維持處女之身，成為一位神聖的女神。

接著，天父宙斯賜給她一項結婚賀禮：他將為她在家宅的中央設置席位，領受最好的祭品，所有神祇的廟堂皆崇敬她，世間凡人的眼裡，她是崇高的女神。」①

維斯塔的神話

灶神星 —— 維斯塔（Vesta），古希臘人稱她為赫斯提亞（Hestia），由處女座象形符號中的處女形象所象徵。羅馬人將她奉為灶壇女神和神聖火焰的守護者（她的名字源於梵文詞根 *vas*，意思是「閃亮的」）。雖然不是體積最大的小行星，但卻是最亮且唯一可

以用肉眼觀測的小行星，原因是其表面乃由一種因內部高溫而形成特殊的火山岩面所構成，能夠反射出大量的太陽光；② 所以灶神星與火元素的連結，恰好與其天體的發光特質相應。

作為守護聖火的女神，每戶家宅的中央以及每座城市的中心，都設有供奉維斯塔的祭壇，她已成為家庭和社區守護者的象徵，從而確保了家庭和國家的凝聚力。羅馬的維斯塔女祭司被稱為維斯塔處女（vestal virgins），她們宣誓獨身，並以守護聖火為職責。

維斯塔很少出現在藝術作品或傳說中，因此她是所有女神中最難被理解的，這也導致她被許多神話作家忽略，認為這位女神平淡乏味且不值得認真研究，但是，如果我們認真地看待維斯塔的神話，就能瞭解到她的意義與重要性；那是一段橫跨希臘、羅馬和古希臘文明的故事。

維斯塔的故事

在希臘神話中，維斯塔是克洛諾斯（薩圖恩努斯）和雷亞誕下的第一個孩子，也是最後一位宙斯（朱庇特）從薩圖恩努斯肚中救出且重生的奧林匹亞手足。隨後，維斯塔選擇保有她的處女之身，拒絕與阿波羅或波賽頓結婚。

赫斯提亞的崇拜很早就從邁錫尼文明的克里特島傳到希臘，雖

然，目前沒有任何當時赫斯提亞的圖像流傳下來，但她在所有的希臘城邦都受到崇敬，各城邦的公共會堂都設有她的灶壇，並在灶壇上供奉聖火，象徵著家庭和城邦的團結與凝聚力。因此，每當希臘人攻克了新的土地時，都會從家鄉的聖火中分出火焰，使新社區與舊家園連結起來；同樣地，女人離家時也會從娘家的爐灶分出火苗，以便另起自己的聖火。

由於她是第一位出生的奧林匹亞神祇，希臘人依此發展出一項傳統，在開始任何儀式和新計畫前，都要先向赫斯提亞的祭壇獻供。此外，她也能得到其他神廟祭品最上等的部位。每一份送入爐灶的祭品，都見證了赫斯提亞是主掌神聖灶壇和祭壇火焰的女神。

赫斯提亞是誠實和童叟無欺的化身，因此她的名字會出現在誓言和社會契約的封印上；赫斯提亞也掌管神聖的待客法則，她為異鄉人提供溫暖的爐火、食物和住所，因而她的灶壇也被認為是神聖的庇護所。

維斯塔處女

羅馬人汲取希臘文明後，將赫斯提亞更名為維斯塔，為了向她致敬，羅馬第二任國王努瑪‧蓬皮留斯（Numa Pompilius）為她興建一座神廟，並在神廟中心供奉維斯塔的永恆聖火，以確保羅馬王國的安全；而照料聖火的神聖職責，則交由維斯塔神廟的女祭司，即維斯

塔處女。最先開始是兩位，接著是四位，再來是六位，這些肩負神聖任務的女祭司，是從最受喜愛、地位最崇高的羅馬少女中遴選出來，她們在六歲時被納入神廟，立下誓言，於三十年的侍奉期間要守住貞操並保持單身。除了照看聖火，她們的職責還包括每天早晨用聖水淨化神殿，進行日常的敬拜和供奉，以及守護聖物，服務期滿後，女祭司被授予離開神廟和結婚的自由；但顯而易見地，很少女祭司會這麼做。

女祭司由大祭司（Pontifex Maximus）負責挑選，他對女祭司的生活擁有絕對的權威，並對她們的任何犯行施以嚴厲的懲罰，由於聖火的熄滅會被認為是國家安全受到威脅，沒有看顧好火焰的女祭司會遭以嚴重鞭打。此外，打破守貞誓言者，更會被判處殘酷的死刑；在被當眾鞭打後，受刑的女祭司會被捆綁起來，一路抬送至地下墓穴關禁閉，只留一盞燈和少許糧食，讓她漫長而痛苦地死去。

也許是為了彌補她們過於嚴苛的生活方式，維斯塔處女有許多特權：她們不受父輩管束，被賦予擁有和處置自己財產的權力；劇院為她們保留最好的座位；遊行時，她們的隊伍前方有一名隨扈，象徵對其權力的敬意，執政官和行政官員需向她們鞠躬；如果女祭司在路上遇到正被押赴刑場的死刑犯，她有權赦免他；遺囑和最重要的契約會交由她們保管；最後，她們可以選擇死後葬於城市內，這通常是極少數人才享有的特權。

　　這段時期的維斯塔雕像，是一位身穿白色長袍，一隻手握著點燃的火炬或蠟燭，另一隻手捧著香爐，擁有無比美貌的女人；此雕像的姿態體現出她的純潔、安全和神聖的庇護。

　　每年三月一日的慶典，維斯塔處女會澆熄並再次點燃聖火，向維斯塔女神致敬。在六月九日的維斯塔節（the Vestalia），神廟向城市中的所有婦女開放，婦女們帶來了自家壁爐上烘烤的食物，經過一週的獻供之後，神廟會關閉，進行清洗和淨化。這些儀式一直延續到西元五世紀，直到信奉基督教的皇帝狄奧多西（Theodosius）廢止對維斯塔的膜拜、驅離維斯塔處女，並滅絕了聖火；這位統治者也終結了希瑞斯／狄米特的厄琉息斯祕儀。

維斯塔於古希臘時期的起源

　　維斯塔的故事到此告一段落。由於她的傳說記載付之闕如，我們很難找到比希臘時期更早的起源，然而，關於這位女神本質的線索卻指向了核心：照料和守護祭壇最初的形式——爐火，意即女性奧祕的中心，以維斯塔祭儀及其圓形神廟被清晰地保留在古羅馬文明之中。③ 在德爾菲（Delphi），人們膜拜炙熱的炭火堆，將其視為維斯塔的化身，而這些炭火堆後來被稱為翁法洛斯（omphalos，希臘語的肚臍）或希臘世界的中心。④ 由於女祭司以照看永恆聖火維繫著維斯塔的信仰，藉由追尋她們的過往遺跡，我們將能抵達女神寶座的所在地。

在古希臘時期，主要的神靈是大母神，她以月亮的形式受到崇拜，此時期的女祭司們透過守護水源和聖火的方式，增強月亮滋養的能量。⑤聖火除了代表月光之外，也象徵著印度瑜伽修煉中的拙火——昆達里尼，以及性蛻變的神祕力量。守護永恆聖火的女性被稱為處女，並非因為她們守貞，而是因為她們保持單身且不隸屬任何男人，故而，處女是一個自我完整且完滿的存在；她們不需要被男人定義或控制。

維斯塔處女也為來到神廟敬拜女神並參與神聖結合的陌生男子獻身，提供神聖的性服務。她們並非利用性來滿足私慾，亦不是為了尋覓丈夫或生育；「這些女性的本意是為了更崇高的目的，將女神孕育的力量顯化於人類的生命。」⑥此外，在此神聖結合中，女祭司所生的孩子也被認為是神聖的，在王位繼承中背負著特別的宿命。

由此看來，維斯塔處女以下列方式延續了王室血脈：每年仲夏的橡木皇后和橡木國王的婚宴。⑦

橡木國王十二位同伴中的六位，與六位維斯塔處女，他們被安排在一個神聖的黑暗洞穴中混雜地做愛，因此沒人知道誰與誰是一對的，也不會知道誰是孩子的父親。這個儀式會在仲冬的農神節（Saturnalia）時再進行一次；因此，如果橡木皇后未能生下兒子，便會從維斯塔處女的孩子中選出下一任國王，但僅有一年的任期。⑧

　　上述故事說明了，在傳說起源中，為何許多古羅馬國王的母親都是處女，且生父不詳，或者是神的兒子。⑨實際上，古羅馬早期許多國王都是維斯塔處女的兒子，其中最著名的是羅馬第一任國王羅穆盧斯（Romulus），他是由處女雷亞．西爾維亞（Rhea Silvia）所生；因此，全國的宗教和政治中心都集中在由王室公主們，亦即維斯塔處女所守護的王室聖火上。

　　然而，隨著時代演變，父權文化開始佔上風，原本由維斯塔處女傳承的王室血脈，轉移到國王的婚姻關係，並且想方設法保住自己的王權，他們逐漸地將王權由一年延長到四年、而後八年、再到十九年——直到最後成為終身制。為了進一步確保男性的血脈能夠留傳下去，國王在妻子去世後會娶公主或公主的後代，或安排王子與她們結婚，這種現象說明了當時的王室家庭普遍有近親通婚的習俗。

　　由於父權文化的興起，處女愛神維斯塔到了中世紀卻成為寡身且不生育的修女。這一切始於羅馬國王塔克文一世（Tarquin the Elder），他為了防止維斯塔處女生出王位繼承人，下令要她們守住貞操，否則將被處以死刑，接著他成立了最初的貞女學院，收容處女們的女兒，並滅除任何重建母系王位的可能。巴勒斯坦的大衛王（King David of Palestine）也出於同樣目的建立了王室修道院，用於隔離掃羅王朝的婦女（the women of the royal house of Saul），確保只有自己的血脈能繼承王位。⑩

維斯塔原始傳統的精髓，包含了以性儀式崇敬月亮女神的生育和繁衍能力，從而獲得月神賜予神聖而蒙福的統治權，正因如此，維斯塔也被尊為完美的母親；然而，父權的統治掩蓋了維斯塔的能力，並將其轉譯為純潔守貞的處女神。從這個角度來看，荷馬史詩中關於維斯塔童貞的詩頌，其隱藏的意涵就顯而易見了；憑藉著她的輩份，維斯塔被獲准保有處女身而不受侵犯，不會受困於與阿波羅或波賽頓的一夫一妻制婚姻當中，此一代價是：她許下重誓要為處女立下一個新的定義——推翻她神聖的性儀式，讓權力有效且順利地由母系繼嗣轉為父系繼嗣。

雖然古希臘時期的維斯塔處女性儀式，在羅馬帝制時代已蕩然無存，但仍顯現在神聖的象徵意義上。在維斯塔神廟的灶壇附近有一個櫃子，叫做佩納斯（Penus），其內部隱密的地方置放著一尊象徵陽具的雕像，它被稱為帕拉狄恩（Palladium），以帕爾斯（Pales）、帕拉斯（Pallas）和普里阿普斯（Priapus）三位神祇命名。這個陽具的符號後來與月神結合，由灶壇中燒紅的炭作為象徵物，而後從代表食物的 pabulum 這個詞，創造出食糧之神（the deity Pabulum）。⑪ 這種結合被認為是非常重要的；因為人們相信只要帕拉狄恩安然無損，就可以確保羅馬國家的永續和安全。

維斯塔的真實意涵

根據先前的神話得知，維斯塔更深層的意義是透過她的主要象徵

來揭示的，灶壇——守護火焰的中心位置。火，是古代文化賴以生存的命脈，也是群體的聚集地（灶壇的拉丁語是 *focus*，意指聚焦）；由於火非常重要，但又難以取得和保存，因此火焰與其守護者同時受到尊敬。奧維德（Ovid）曾說：「除了正在燃燒的火焰外，想像其他任何維斯塔的樣貌，都是徒然」；「維斯塔與大地一樣⋯⋯在祂們之下都有永恆的火焰。」⑫ 永恆的火焰也蘊含著生育的火花，因此，在守貞和不生育的面紗背後，維斯塔的內在本質是女神的性和繁衍能力，也因此，灶神星的兩個核心主題就是聖火和性象徵；透過瞭解灶神星在星象中的心理意涵，我們將發現她如何在這些主題中表達自己。

灶神星——維斯塔

希臘時期的赫斯提亞

聚焦與承諾的本質

角色

守護聖火的女神

女祭司

占星符號：

⚷ 聖火

象徵物

永恆聖火

火炬

祭壇之火

驢子

相關的主管星座

處女座

天蠍座

極性

奉獻／狂熱

灶神星占星學

灶神星——維斯塔處女的守護者——以**處女座**象形符號中的處女
意象來描繪，因此大多數的占星家都賦予其處女座的主管權，然而，
灶神星與**天蠍座**也有很強的連結，當我們探究這些星座於天文相關的
起源時，灶神星對天蠍座和處女座的雙主管權將變得更加清晰。

在最初由亞述和巴比倫文化所描繪的黃道星座中，天蠍座由蛇
所象徵，並緊跟著處女座，今日所謂的天秤座是被包含在天蠍座內，
它被稱為「切拉」（the Chelae），即蠍子的螯。處女座和天蠍座的
星座符號在設計上是相似的，卻有細微的差別：處女座符號中代表母
親（*mater*，意指母親）的「M」是向內勾（♍）；而天蠍座的「M」

則是向外勾（♏）。

　　因此，在她至高無上的統治之下，古老的大母神同時展現為處女座的處女和天蠍座的性伴侶。不過，隨著父權文化興起，象徵婚姻的星座──天秤座才被希臘天文學家置於處女座和天蠍座之間，並在女性的性認同中，創造出人為的雙重性；從那時起，一位女性在結婚前是處女（處女座），結婚後是性伴侶（天蠍座）。灶神星的最新研究已提供我們許多方法，可以透過重新連結原型中的處女座─天蠍座主題，來彌合這種不健康的分裂。在接下來的頁面中，我們將探究灶神星的基本意涵，使占星師對這姊妹星座的本質有更深入的瞭解。

灶神星作為天蠍座的主管行星

灶神星作為性的象徵

　　正如前述有關灶神星的神話章節，羅馬時期的維斯塔處女後來演變成修女的原型──唯一職責是奉獻給宗教工作的女性，在私人生活中則完全與親密的性關係和私人情感絕緣，這種形象就是我們常說的老處女或是老小姐。此說法唯一的問題是，它並不完全符合實際星盤中對灶神星的詮譯，我們一再地在擁有活躍性生活的男性及女性星盤中觀察到顯著的灶神星；但是，他們發生性行為的對象並不拘泥於傳統的一夫一妻制。

　　舉例來說，不論已婚或單身女性，只要星盤中有強烈的灶神星，都可能與各種男性發生性行為；然而，這些性行為的本質並非是肉慾的，這類女性反而將此描述為昇華的、靈性的和療癒的，彷彿她們正在無意識地重現維斯塔處女最初的古老性儀式。在這些儀式中，維斯塔處女並非透過性來俘獲丈夫——而是為了侍奉月亮女神，以及祝福她的信徒；然而，現代社會卻無視這些純粹的動機，並譴責這種開放的性表達是不道德和邪惡的，這種譴責大多是內在的罪惡感，讓現下的灶神星型女性對自己的性反應感到內疚和羞愧。

　　灶神星型的男性也有類似的行為模式，他們對女性的性需求具有高度的敏感性，並且強烈地渴望與她們結合，同時，「處女」的本質導致他們要完整地保有自我並迴避長期的承諾，這些人因而被認為是小白臉、花心蘿蔔、獵豔者或「只在乎那檔事」。

　　因此，強烈的灶神星指向各種可能的性表達方式，包括性拒絕、婚後出軌的性行為，以及更極端的情況，濫交和賣淫。在後二種情況下，這些表面上叛逆或蔑視傳統習俗的人，可能在潛意識中對自己的行為感到羞恥和罪惡。

性作為原罪的象徵

　　從前面的段落中應該可以看出，星盤中的灶神星可以象徵性自由或性壓抑，在我們的文化中，後者的病徵更為普遍，這是由於以下

事實：女人的性慾早已被扼殺，以便萬無一失地確保父系血脈的土地繼承制。正如透過維斯塔神話研究所得知，父系掌權後，對女性施行了許多禁令，包括婚前性行為、婚後不忠，私生子和墮胎；簡而言之，沒有婚姻（天秤座）的性愛成了不可饒恕的罪過，因而在靈性（處女座）和性（天蠍座）之間製造出一種人為的分隔，使人類的靈魂忍受了這種分隔達數千年之久；也因此，許多擁有顯著灶神星的人都對自己的性慾感到羞恥、內疚和拒絕，也就不令人意外了。在應對這些客戶時，讓他們對這些性禁忌的根源有一些認識將能帶來幫助，並向他們說明：根據維斯塔的古老儀式，他們的性慾並非是罪惡或邪惡的；性，反而是一種強大的力量，若未盡到相應的責任、運用不當時，就容易導致濫用。因此，灶神星型的人需要在性表達上找到平衡，避免落入完全的濫交和性壓抑的這兩種極端。

性作為恐懼的象徵

將性與恐懼連結，是灶神星第二種主要的性之病徵，其根本肇因同樣可追溯到母權文化和父權文化之間殘酷的權力移轉過程；女神神聖的性傳統遭到詆毀和禁止，男性因而取得性滿足的主導地位，不用考慮到女性是否享受其中，正如神話中細述的那樣，凡是打破守貞誓言的維斯塔處女，都會在緩慢且折磨的過程中被活埋。直至今日，許多男女的心靈狀態仍受這種民族印痕的影響，不少人即使進入婚姻後，也依然對性與親密接觸感到恐懼、自關係中疏離，以及不孕等，這些都是典型的灶神星課題，儘管佛洛伊德揭露了壓抑性能量的負面

結果，但其影響仍使許多人對性生活感到挫折和失望。

性壓抑

在奧林匹亞神族中，維斯塔是薩圖恩努斯最年長的孩子，因而，灶神星與土星的連結，還可以透過祂們分別掌管著土象星座中的處女座和摩羯座來證明，二者都有限制、界線、專注和承諾的基本意涵。因此，灶神星所描述的性限制，與土星和金、火這兩顆性愛行星的衝突相位相似，這些相位結構可能指向性反應的障礙或限制，而這些通常與性相關的死亡、羞辱的痛苦記憶所引起的。

當灶神星與火星及其他陽性行星有刑剋相位時，性障礙可能表現為生理或心理上的性無能，其進行性行為的能力可能受到損害，隨之而來的挫折和無力感，也會導致無法從事其他「陽剛」的活動，可能透過吹噓自我或挑釁的行為，來彌補內在經驗的匱乏。

當灶神星與古典的女性行星或小行星（金星或婚神星）形成相位時，女性可能會感到無法去愛或難以進入一段有意義的關係，這反過來可能導致生理或心理上的冷感，為了彌補自己的不足，她可能會戴上獨立女性的假面具，明明內在渴望一段關係，卻聲稱自己不需要男人。

在個人生活中，上述的任一種性障礙，都會導致其親密且圓滿的關係受阻，這種無法與他人全然地分享自我，是灶神星受剋的人最

有可能出現的一種痛苦狀態。

灶神星與投射

當灶神星的限制性原則與女性星盤中的男性本質（灶神星與太陽或火星有相位），或與男性星盤中的女性本質（灶神星與月亮或金星有相位）有互動時，個人內心的恐懼和缺乏信任通常會向外界投射出來，因此其伴侶可能被認為是殘暴、專橫、苛刻或工於心計的。諷刺的是，當個人吸引到的伴侶正是他／她最害怕的類型時，這種偏執的情節經常成為一種自我實現的預言，即「因我所恐懼的臨到我身」。⑬自我保護的反應通常表現為抽離、冷靜、退縮，以及靈肉分離、有性無愛的付出，這些態度成為對所恐懼的另一半保持距離、控制和展現權力的一種手段，這類型的人可能需要進行持續的治療，以將他們的神經質恐懼模式轉變為愛與信任。

灶神星與性歧視

由於灶神星型的人，潛意識中帶有將性視為一種高度強烈靈性體驗的記憶，因而對性抱有極高的標準；可惜的是，這種態度只會帶來失望。他們認為大多數的性伴侶是平凡的、不夠資格的，甚至是不入流的，這使得他們無法接受一般的性愛，只願意體驗無上狂喜的交歡，反而導致了貧瘠的性生活；很遺憾地，這種對於性的理想主義，常常使他們的伴侶感到挫敗並誤會他們，伴侶會指責灶神星型的人冷漠、冷感和缺乏性趣，而諷刺的是，他們並不瞭解自己性歧視的動機

為何,而就接受了這些負面的評價,這對慣於疏離的灶神星型的人而言尤為心酸悲涼。

簡而言之,在灶神星的本來面目和真實意涵中,性是一種靈性奉獻的表達方式;然而,現代心靈的狀態太常將其扭曲為性能力不足、拒絕、對親密感和承諾的恐懼、獨身、不孕、濫交,以及由於壓抑自然本能而造成的各種性困難。

灶神星作為處女座的主管行星

性能量的發展依循著星座的循環,從獅子座到處女座有著關鍵性的轉變過程:獅子座透過生理或心智上的童真作為創造性的基礎,體現了性能量的本能展現,這是生命進程中,個體進行自我繁衍的衝動;而在處女座,金星的繁衍能量被用於精神上的自我轉化和再生,從而有機會成為服務和療癒的管道。

灶神星是獅子座過渡到處女座的途徑,因此,星盤中具有顯著灶神星特質的人,可以將其性能量昇華並轉化為對工作的全心專注、堅定承諾和奉獻。在內在層面,這股蛻變的能量會帶來個人的整合和整體性;顯然,這些都是處女座眾所周知的特色。

灶神星與童貞

從維斯塔的原始天性來看，她的處女本質並不意味著守貞；恰好相反，她自由地表達性的特質。身為處女，意味著她是全面而完整的自我獨立，包含自主、自持和自我實現；因此，處女並非不生育，反而如同未遭破壞或尚未枯竭的原始森林一樣，特別具有繁衍的能力。

為了再生她們的童貞，維斯塔處女會在一些神聖泉水中沐浴；在發生性關係後，她們會退回到自己的內心，以恢復內在的整體性。因此，灶神星的流運意味著我們需要從外部世界回歸，以便淨化、補充和重新整合自我，這種狀況通常發生在我們為外界人事耗盡資源的時候，這或許解釋了為何許多灶神星的流運都指向關係分離；在這些時期，我們必須尋求獨處，再生自我的童貞，並為下一段關係的循環重建自我，故而，占星學中的灶神星代表了自我認同、完整性和繁衍的能力。

當本命星盤中的灶神星呈緊張相位時，其人格可能無法自我整合，並為此耗盡精力；此相位的其他徵象還有不孕症、懷胎困難或節育，個人也可能經常感到疏離——直到能夠學會展現出正向的自我關注，並能在適當的時機點與內在力量的感知獨處。

灶神星與中心定位

希臘人將維斯塔描繪成翁法洛斯、肚臍或世界中心，亦是設置於房屋中心的灶火，為家庭成員提供了聚會的場所；除此之外，維斯塔也作為靈性中心，協調人格的不同面向。在占星學，灶神星象徵著個人自我認同的「中心」，並因此能自行決定所有的行為活動；若灶神星與星盤中其他行星呈緊張相位，則可能代表一個生活失焦、不知所措或還找不到自我定位的人。⑭

灶神星與聚焦

如我們所見，灶神星的本質體現於灶壇之火中，灶壇的拉丁語是 *focus*（聚焦），聚焦的法則是：灶神星匯聚能量並集中到一個點上，從而帶來清晰和光明。星盤中擁有強大灶神星能量的人，無論做什麼事都能夠集中精力並全神貫注；而灶神星具有緊張相位的人，其專注度可能會失焦、模糊和恍神；另一個極端的狀況是，過於注視於聚焦點而導致個人目光狹隘，如井底之蛙窺探外界。

灶神星與承諾

有建設性地運用灶神星的特質，個人便能自主、自我整合、保持完整、找到重心和專注，透過此一過程，人們得以獲得投身並致力於某一目標或抱負的能力；相反地，狀態不佳的灶神星可能代表害怕承諾或無法兌現承諾。

灶神星與工作

灶神星代表的工作,是一種個人必須實現的天命,這樣的聚焦超越了個人層次,並向外延伸至社會和全世界;如果被剝奪了實現的機會,他們將感到沮喪和不滿。因此,灶神星型的人必須真正「做自己想做的事」,但在我們的父權文化中,女性已經不得不將這種基本需求擱置一旁;幸運的是,這種不平等現象正在逐步得到修正。

灶神星的疏離與犧牲

專注於一件事情的行動,意味著需要將注意力從生活中的其他領域撤出,這反過來代表著與世界保持一定程度的疏遠和疏離。在占星學,灶神星式的嚴重疏離,是指一個人變得太過沉浸於自我探尋;灶神星也代表一個人為了走上自我導向的道路必須做出的犧牲,這些犧牲可能包括放棄家人、孩子、關係、朋友和家庭,當走到極端時,這些行為會導致個人成為殉道者,完全捨棄所有一切,並試圖使他人為自己所做的犧牲感到內疚。

總結

正是自立、中心、專注與沉浸於個人認同等這些特質,描述了處女一詞的真實與原始意涵。占星學子也意識到——處女座型的人同樣具有這些特質,透過處女座和天蠍座二者的六分相位,水元素滋

養了土元素並使之肥沃；正如在本節開始時所述，處女座和天蠍座是從相同的根源中派生而來的。因此，具有生殖力的處女，會周期性地從關係中退出，以便為虔誠的融合做準備，使創造過程變得神聖。

灶神星的玄祕教義

維斯塔，守護傳統的元老女神，她保存且傳承著古老的儀式和習俗，為降臨世間的神聖能量提供了形式，她的性儀式並非是向外界的「他者」（♏）奉獻自己，而是將性能量轉向內在（♍），透過自我內在的結合來實現神聖。她最重要的祕傳教義，描述了**個人如何轉化性能量而達到啟蒙和解放的目的**：維斯塔是拙火的主掌者，這股昆達里尼的能量位於脊柱底層的乙太體內，當這種力量被喚醒並有意識地被引導到更高層次的中心時，個人進入更為深度的**靈性覺醒**、從而獲得極致的狂喜，並抵達最終的光明，即稱為「開悟」。而在乙太體中，psi 能量是沿著性能量流動的迴路運行，因此，在修習此教法的期間，通常會禁止性交，以避免這些迴路過載。

在塔羅牌中，灶神星對應同為處女座主管的隱士牌，象徵著禁慾的退隱；隱士牌也對應於希伯來語字母表的母根 yod，傳統意涵裡，yod 被描繪為光明的火焰，專指由維斯塔女祭司守護的聖火。

就占星分析而言，體驗過節慾的人，可能會以此方式致力於靈

性和精神性的發展，畢竟，如果所有的發洩管道都是開放的，就不會有動力去找出其他展現這種強大且強烈力量的方式；取而代之的是，現代維斯塔處女通常會犧牲個人的享樂，以便與自己的靈魂建立更深的關係。

灶神星的心理主題

灶神星代表聚焦和承諾的本質，她的職責是以自主的存在來轉化性能量，並帶來個人的融合。

聚焦與承諾的本質

對個人道路或目標的奉獻與抱負 · 為實現目標所做出的犧牲

性主題

性解放、與承諾關係之外的對象發生的性行為 · 對性的恐懼、罪惡感和性能力不足 · 人際關係中的挫折、疏離、拒絕和分離 · 對親密感和承諾的恐懼 · 逃避婚姻和孩子

性能量的昇華

奉愛瑜伽（Bhakti Yoga）——虔誠的

哈達瑜伽（Hatha Yoga）——體能的

吉納尼瑜伽（Gnani Yoga ——智慧的

勝王瑜伽（Raja Yoga）——心靈的
實踐瑜伽（Karma Yoga）——行動

童貞的本質

完整自我‧未婚‧自給自足‧自力更生‧個人整合‧中心定
位‧專注‧淨化‧內在力量‧自律‧禁慾主義‧自願簡樸

玄祕主題

性能量的蛻變‧與自我的結合或再生‧psi 能量的心靈發展

---

① Homer, "The Hymn to Aphrodite," The Homeric Hymns, trans. Charles Boer (Texas: Spring Publications, Inc., 1979), 70.
② William K. Hartman, "Vesta, A World of Its Own," Astronomy, vol. 77, no. 2 (February 1983).
③ Erich Neumann, The Great Mother, trans. Ralph Manheim (Princeton, New Jersey: Princeton University Press, 1974), 284.
④ Barbara Koltuv, "Hestia/Vesta," Quadrant 10 (Winter 1977), 57.
⑤ M. Esther Harding, Woman's Mysteries: Ancient and Modern (New York: Harper and Row, 1976), 127.
⑥ Harding, Women's Mysteries. 132.
⑦ 譯者註：橡樹在神話中代表神聖的力量，後被擬人為橡木國王與冬青國王的戰鬥，反映了一年的季節循環，橡木國王在夏至時力量最為強盛。傳說在每年夏至，由神的代表──羅馬國王，與植物女神或泉水女神締結婚姻，象徵大地萬物的富饒；此慶祝儀式中，由國王與皇后分別扮演神與女神。
⑧ Robert Graves, The White Goddess (New York: Farrar, Straus and Giroux, 1978), 357.
⑨ Graves, The White Goddess, 357.

⑩ Robert Graves, The Greek Myths Vol. I (Maryland: Penguin Books, 1955), 20.

⑪ Harding, Women's Mysteries, 33.

⑫ Ovid, Fasti, trans. Sir James Frazer (Cambridge: Harvard University Press), 341.

⑬ 譯者註：出自《約伯記》 第三章第二十五節。

⑭ Barbara Kirksey, "Hestia: A Background of Psychological Focusing," in Facing the Gods, ed. James Hillman (Texas: Spring Publications, Inc., 1980), 105.

第九章

星盤中的灶神星

───────────────────────────────────── ★

　　維斯塔身為守護聖火的女神，希臘人將她視為聖火和家庭爐火的守護者並膜拜她。她是庇護的象徵，為大地上的人們確保了國家和家庭的凝聚力。

　　維斯塔與未婚的神廟女祭司有關，女祭司們透過神聖的性奉獻儀式，將月亮的繁衍力經由身體的接觸帶入人們的生活之中。然而在羅馬時代，維斯塔成為了維斯塔處女的貞潔女神，她們因其純潔守貞而受到崇敬。維斯塔在親密關係中疏離的病徵，是源於其自然本能的挫敗。

　　維斯塔擔任姊姊的職責，代表著聚焦和承諾的本質。她能夠以自主的自我認同將創造的能量加以轉化，用以淨化和整合個人迴路。

　　在占星學中，灶神星描述了我們面對個人融合、工作、奉獻、承諾、犧牲、人際關係疏遠的表現方式，以及基於對親密關係的拒絕和恐懼所出現的各種性情結。

　　灶神星所在的星座，描述了十二種聚焦和承諾的方式，以及為了達成目標，我們必須從夏娃的原罪中排除的事物；灶神星還描述了我們對應個人性能量的方式，無論是自由的表達、昇華或是壓抑。

　　灶神星所在的宮位，顯示出我們在哪些領域奉獻心力和作出承諾，以及所受到的限制。

　　灶神星與其他行星的相位，描繪了聚焦與投入自我的本質如何與人格的其他面向做整合，和諧相位代表能與該行星所代表的事項順暢地融合，而緊張相位則代表個人在自我約束與其他心理需求之間潛在衝突；當個人能將星盤中灶神星衝突相位的不同需求加以掌握與整合時，便不再需要透過壓力來學習平衡。

灶神星在占星學的主掌領域

灶神星主掌個人整合
自律的作息　·　健康　·　營養　·　鍛煉　·　冥想

灶神星所代表的各種性狀況以及性相關的心理情結
性冷感　·　不孕　·　性無能　·　節育　·　童貞　·　貞操　·　純潔　·　獨身　·　生殖力　·　濫交　·　賣淫　·　色情　·　性歧視

灶神星象徵帶有奉獻與宗教色彩的活動
祈禱　·　冥想　·　奉獻　·　孤獨的修行　·　回歸　·　宗教規範　·　修女、祭司、女祭司、聖潔的男人和女人　·　祕儀指令　·　宗教和魔法的祭禮和儀式　·　入會宣誓　·　誓言　·　承諾　·　三昧耶（samaya）　·　祭壇和儀

式物品 · 祭壇火焰 · 聖火

灶神星與學術研究相關

學者 · 抄寫員 · 啟蒙者 · 老師 · 教授 · 宗師 · 光之行者 · 祕教和宗教教義的守護者

灶神星代表個人工作或服務的道路

工作狂 · 為達成目標而做出的犧牲 · 個人對服務、事業或原則的貢獻 · 透過佛法（dharma）轉化業力 · 狂熱者

灶神星將擁有相同信念的團體凝聚在一起

兄弟會和姊妹會的會規 · 社會或服務團體 · 神聖的待客之道 · 神祕組織及其規範

灶神星代表保守和安全的法則

輩份 · 遺產 · 傳統 · 庇護所 · 安全 · 保護 · 合約 · 條約 · 信譽 · 鎖 · 鑰匙 · 保險箱 · 圍欄

灶神星在十二星座

以下各節所引用的星盤數據來源，以數字圓圈表示：

❶ Lois Rodden 著，The American Book of Charts
❷ Lois Rodden 著，Profiles of Women
❸ Marc Penfield 著，An Astrological Who's Who

　　灶神星在白羊座的人，高度地投入於工作中，當他們自動自發且獨自作業，或依自己的想法行事時，表現最佳；他們也有著強烈的獨立需求，不被他人掌控或支配，因此，若過分地以自我為中心，而沒有留予他人參與自身事務的空間，就會與外界疏離。在他們的性需求中，保有自主性和個人認同是重要的；但是，這種個人主義可能不利於維持一段關係，而灶神星在白羊座的配置，也可能是取得個人成就的關鍵。

星盤案例：瑪麗‧韋爾斯‧勞倫斯（Mary Wells Lawrence）的灶神星位於白羊座第八宮，且與火星和天王星形成合相，她將精力集中於創立自己的廣告公司，經營得有聲有色。❷

　　灶神星在金牛座的人，能夠在一個穩定的空間中錨定心神及保持理智，最大程度地集中工作能量，他們持久且「穩若磐石」的工作表現，能夠努力產出必要的具體成果；工作的過程中若過於死腦筋或缺乏彈性，則會顯得疏離。他們的性慾是基於原始本能的自然釋放，如果無法獲得性滿足，累積的緊張感可能會造成身體的壓力，而難以感受到伴侶的慾望；因此，對灶神星金牛座的人而言，以實際且能接受的方式，去享受感官和撫慰，能帶來更多的好處。

星盤案例：薩維拉‧賀蘭德（Xaviera Hollander）的灶神星位於金牛座第十一宮，且與月亮天蠍座形成對分相，她是《一個妓女的驚世自白》（*The Happy Hooker*）的作者，並在雜誌專欄中為讀者提供有關性事問題的諮詢。❷

　　灶神星在雙子座的人，他們的工作能力聚焦在文字和傳達資訊，在人脈和多方協調上最能發揮本領，但其疏離的表現可能是言不及義或過度的唯智主義。因此，若要在關係中獲得性滿足，溝通和思想交流是重要元素；然而，他們卻傾向使用言語和看似合理的藉口，與他人保持情感距離。對灶神星雙子座的人來說，心智可以是一項專業資產，但絕不能讓它主宰情感體驗。

星盤案例：占星家伊凡潔琳‧亞當斯（Evangeline Adams）的灶神星位於雙子座且合相下中天，她一生以純正的雙子座風格解讀近十萬張星盤，只需三十分鐘就能讓客戶體驗到占星學的效用。❷

　　灶神星在巨蟹座的人，需要「被依靠的感覺」來許下承諾，當他們的同情心延伸至家人或受其扶養的對象時，能使其挖掘工作能量的寶庫；也由於情緒非常敏感，以退縮展現出疏離，能夠保護他們免於他人帶來的痛苦——不論這種痛苦是真實或僅存於想像。性滿足來自被愛和被珍惜的感覺，然而，過度的情感需索會引起不安全感和偏執，在關係中耗盡能量。對灶神星巨蟹座的人而言，務實而不氾濫的同情可使情緒穩定。

星盤案例：賽爾妲・費茲傑羅（Zelda Fitzgerald）的灶神星與月亮合相於巨蟹座，體現了她對家人強烈的感情用事與牽絆，這可能是造成她晚年狀態越來越不穩定的主因。❷

灶神星在獅子座的人，允許他們自由發揮創造力時，工作的成效最好，他們著重以美學角度看待工作成果，並以此為榮。當他們身上散發耀眼的光芒，可能使身邊的人有被「燃燒殆盡」之感而發生疏離；疏離也可能發生在表現得過度自豪傲慢的時候。浪漫主義和讚賞能引發灶神星獅子座的性反應；然而，如果生殖能量完全地被導向或昇華至個人的創造力，其性慾也可能受到抑制。

星盤案例：瑪麗・安東妮（Marie Antoinette）的灶神星位於獅子座，她是驕傲且傲慢的法國王后，完全地沉浸於奢華的宮廷娛樂活動。❸

灶神星在處女座的人，強調工作上的專注，追求完美的動力激發了全神貫注與表現的需求，其工作狂的傾向和吹毛求疵的態度，可能會導致與他人疏遠。性，可能被他們視為安撫伴侶的服務或義務，由於強烈的性歧視，這些人會執著於他人的缺點來抑制自己的自然反應。灶神星處女座的人有機會達成頗具生產力的成果和效率。

星盤案例：牧師、宗教改革家、新教徒、新教倫理的創始人馬丁・路德（Martin Luther），他的灶神星位於處女座第一宮。❶

　　灶神星在天秤座的人，比起一個人工作，更喜歡與他人合作，他們喜歡與人共事，並從他人的付出中獲益，但由於天秤座的人需要與他人比較，在職場上會有強烈的競爭意識。引起他們性反應的重要因素，在於被平等地對待，且在給予和接受中彼此互惠；然而，由於他們需要被對方接納和欽佩，所以傾向於放棄自己的需求和慾望。對灶神星天秤座的人來說，在個人和他人的喜好之間取得合理的平衡至關重要。

*星盤案例：致力於建立全球時尚與風格指標的設計師可可・香奈兒（Coco Chanel），她的灶神星位於天秤座第九宮。*❷

　　灶神星在天蠍座的人，以強烈且具有穿透力的方式表達自己，他們尋求深刻並全然貫徹於所有的承諾。無論現有的社會禁忌為何，性都被他們視為是必要擁有的高峰體驗；另一方面，這些人在性事中可能會感到內疚、罪惡和羞恥，進而導致性抑制或性壓抑。灶神星天蠍座的人亦有驚人的集中力和奉獻精神。

*星盤案例：神學家安妮・貝贊特（Annie Besant）的灶神星位於天蠍座且與火星形成對分相，她是節育的狂熱擁護者，因傳佈相關資訊受到道德指控，且被逮捕。*❷

　　灶神星在射手座的人，在為自己相信的事效力時，注意力最集中，理想或事業亦能激發他們的工作能量，其疏離的表現是當毫不考

慮他人信念的情況下，將全副心神消耗在傳佈或闡述自己的願景。高
度冒險和追求真理的感覺會激起他們對性的感受，而缺乏誠實和忠誠
則會破壞關係的信任基礎，這些人亦可將性慾昇華到事業的表現上。
灶神星射手座的人，集務實的理想主義和神祕主義於一身，能夠影響
物質世界。

星盤案例：阿麗斯‧貝里（Alice Bailey），靈視作家暨通神會（Arcane
Society）創辦人，她的灶神星位於射手座第五宮。❷

印度政治和精神領袖聖雄甘地（Mohandas Gandhi）的灶神星位於射手
座且與土星形成合相，儘管已婚，他仍保持獨身生活多年，並試圖要
求他的兒子們也要保持獨身。❶

　　灶神星在摩羯座的人，以有條理且自律的工作方式表現最佳，
其努力工作的動力通常出於個人的野心和想要成功的驅力，也因為他
們具有制定和執行計畫的能力，在行政工作上能有出色的表現；然
而，灶神星摩羯座的人若是嚴格地遵守規章制度，便會表現得過於僵
化。當他們處於一段關係中時，承諾和榮譽通常是實現性滿足不可或
缺的要素，倘若他們將性與批評、批判、失去力量或失去控制連結在
一起，便可能對親密的性行為感到恐懼而害怕投入情感。對灶神星摩
羯的人而言，堅守紀律能讓他們取得極大的成就，期望透過「恪盡職
守」（服從體制）來獲得成功。

星盤案例：工作勤勉、孜孜不懈的華特‧孟岱爾（Walter Mondale），
他的灶神星位於摩羯座第十一宮。❶

　　灶神星在水瓶座的人，從事人道主義、社會或帶有政治動機等
相關工作時，能表現得出色，因為自己與他人的自由理想對他們來說
極為重要；也由於水瓶座自帶強烈的分離感，當他們不夠在乎摯愛的
需求時，便容易顯得疏離，他們也經常表現出對權威人物的反抗。不
尋常的行為或人事物會激發他們的性反應，灶神星水瓶座的人也可以
在無佔有慾也無承諾的前提下，與朋友發生性行為。

星盤案例：吉曼‧基爾（Germaine Greer）是《女太監》（*The Female
Eunuch*）的作者，也是非傳統性生活方式的倡導者，她的灶神星位於
水瓶座合相上升點。❷

　　灶神星在雙魚座的人，在為他人服務時最能集中工作精力，而
由於雙魚座具有發散、散漫的天性，灶神星位於此處可能會導致難以
專注或守住承諾。他們扮演著殉道者的角色，試圖讓他人感到內疚來
為自己的痛苦負責；他們也透過性關係的互動療癒他人，或者將性昇
華為靈性意識，同時覺得自己的性屬於任何有需要的人，而不專屬於
任何一個人。灶神星在雙魚座的整合，融合了夢想與現實、詩意與實
踐。

星盤案例：作家羅伯特‧格雷夫斯（Robert Graves）的靈感來自他的

灶神星在雙魚座對分月亮，他將願景與理想投注在充滿詩意的作品中，如《白衣女神》（*The White Goddess*）。 ❶

灶神星在十二宮位

灶神星在第一宮，致力於體驗最重要的自我關係，由於強烈專注於尋找個人自我或完成個人目標，可能會將長期的親密關係從生活中排除；對灶神星第一宮的人而言，專注一心和毅力可以帶來偉大的成就。

星盤案例：聖女大德蘭（Saint Teresa of Avila）向內探尋並在最終得到了與神聖狂喜的結合，她的灶神星位於白羊座第一宮。❷ ①

灶神星在第二宮，致力於創造資源以供養或支持自己或所愛的人，他們可能會在金錢、舒適和感官方面感到限制，而這樣的壓力會敦促灶神星第二宮的人，學會如何實現一切。

星盤案例：凱薩琳大帝（Catherine the Great）的灶神星與火星合相於金牛座第二宮，她為俄羅斯取得新的領土，並充實了國家的經濟。❷

灶神星在第三宮，致力於個人心智──更進一步地認識自我並向他人傳播資訊，當他們迫於壓力，需要專注於闡明自己的理念時，

溝通上會受到阻礙，如果他們的才智與表達能力不同步的話，也會為此感到自卑；灶神星第三宮常見於使用腦力的工作。

星盤案例：靈性作家赫曼・赫塞（Hermann Hesse）的灶神星位於雙魚座第三宮且與月亮形成合相。❶

灶神星在第四宮，致力於對家人和家庭的付出，他們往往年少時就得負擔家中額外的職務與工作，隨著年紀漸長，這種模式會演變成對家庭的責任和義務，這些來自家庭的重擔，會使他們感覺被剝奪或削弱了自由，建議灶神星第四宮的人，要以有效率的方式解決來自家庭的需求。

星盤案例：女演員埃萊奧諾拉・杜斯（Eleonora Duse）的灶神星位於射手座第四宮，她出生於戲劇世家，與家人一同巡迴演出，並將生命奉獻給舞台。❷

灶神星在第五宮，代表致力於個人的創造性表達，例如生育小孩或藝術創作，而他們也經常在與孩子、浪漫、享樂等相關事項，或處於靈感的撞牆期感到疏離。當他們的性能量過度地昇華到五宮事務或費心地聚焦在某些瑕疵而影響性本能展現時，則可能導致性抑制。灶神星第五宮也意味著從事創造性的職業和（或）受人關注的幕前工作。

星盤案例：女網冠軍比利・簡・金（Billy Jean King）的灶神星位於雙子座第五宮且與火星合相，使她得以專注並集中她的運動能力。❷

灶神星在第六宮，致力於工作表現和高效運作，由於灶神星與處女座的連結，在此宮位，她的象徵意義更為顯著，也因為健康方面的限制，他們通常會專注於自我的養護，透過營養攝取、鍛煉和正向思考，適當地照料身體。灶神星第六宮的人追求完美，若不過當，可以把事情做得很好。

星盤案例：伊莉莎白・泰勒（Elizabeth Taylor）儘管結了六次婚，也有許多健康問題，但仍將主要精力放在電影工作上，她的灶神星位於雙魚座第六宮。❷ ②

灶神星在第七宮，代表致力於經營人際關係，但由於灶神星力圖自給自足和獨立，當需要七宮事項的妥協和合作時，就可能發生摩擦；灶神星第七宮的人通常會過度聚焦或沉溺於對他而言最重要的關係裡。

星盤案例：前第一夫人帕特・尼克森（Pat Nixon）的灶神星位於獅子座第七宮，面對丈夫的政治生涯動盪，她仍然扮演著奉獻且忠誠的妻子角色。

灶神星在第八宮，致力於靈性／神祕領域或與他人的深度互動，

他們或許不容易找到能滿足其強烈性慾的對象，而因此感到限制；與他人共享資源（金錢和性）所引發的各種糾葛，會使灶神星第八宮的人在壓力中學會看淡慾望，並學習如何與人分享他們的所有物。

灶神星在第九宮，致力於追尋真理和傳達智慧，若過於極端地專注在自己的信仰體系，可能會導致政治或宗教狂熱，也可能在挑戰更遠大的願景時受到限制。灶神星第九宮能夠在物質世界中找到理想的形象。

星盤案例：威廉·布萊克（William Blake）的作品帶有宗教色彩的想像力，他的灶神星位於水瓶座第九宮。❶ ③

灶神星在第十宮，致力於個人的職涯發展或社會地位，若灶神星貼近上中天，則暗示著一種靈性上的宿命，如果他們太過挑剔，則會發現難以找到令自己滿意的職涯道路。灶神星第十宮的潛能是高度自律、貫徹始終，並且願意努力工作。

星盤案例：教宗若望保祿一世（Pope John Paul I）的灶神星與水星合相於天蠍座第十宮。❶

灶神星在第十一宮，代表致力於群體互動，參與各種集體工作（土地、企業、政治生涯）得以滿足他們加入更大團體的需求，但也可能從交友圈或團體經驗到限制，進而明白他人在生活中的重要性。

灶神星第十一宮的人需要先定義和聚焦自己的期望和抱負，才能為理想奉獻自我。

星盤案例：社會工作者暨人道主義者珍·亞當斯（Jane Adams）的灶神星位於巨蟹座第十一宮，與火星形成對分相，她為移民建立「睦鄰之家」（neighborhood houses），也為改革童工、公共衛生和社會保險等議題做出了貢獻。❸

　　灶神星在第十二宮，代表致力於無私奉獻和追求靈性價值，在無意識中有著對隔離、靜修，以及專注篤信的強烈需求。因前世受到宗教迫害，容易在面對公眾時感到焦慮或擔心犯錯，這可能會使他們害怕探索自己的靈性本質，除此之外，也可能在深層無意識中存有對性的恐懼和抑制。灶神星第十二宮可以藉由平衡信念與恐懼來克服這項議題，並對物質世界及其界限進行務實的評估之後，展現其對無垠的嚮往。

星盤案例：著名的唯心論者海倫娜·布拉瓦茨基（Helena Blavatsky）的灶神星位於神祕的巨蟹座第十二宮。❷

灶神星與其他行星的相位

灶神星與太陽的相位

　　灶神星的聚焦本質與太陽的自我認同、生命目標結合，此組相

位代表工作、自我投入和承諾是此人生命目標中很重要的一部分。

　　和諧相位描述了個人的自我認同展現出高度的融合，能夠投身於理想且重視承諾，得以活出自己的性價值觀，並避開具有佔有慾的關係。

　　緊張相位指出個人的工作重心與生活目標之間潛在衝突，這可能導致無法找到滿意的職涯，其他議題包括對性感到挫敗和被拒絕，以及害怕親密關係與承諾。當他們對自己的人生方向感到困惑、找不到目標時，也許會引起精神上的焦慮和壓力，過度的自私可能導致與他人疏離。

　　克服這些挑戰的辦法，在於找出對他們而言有意義的人生目標，並將個人能量加以整合與校準，使之與此願景同步。

星盤案例：伊莎多拉‧鄧肯（Isadora Duncan）是一位自我認同明確的女性，她熱愛自己的職業生涯，無視任何性禁忌，她的灶神星與太陽合相於金牛座／雙子座。❷ ④

安妮‧法蘭克（Anne Frank）在德國躲藏於密室時寫的日記鼓舞了數百萬人，她的灶神星與太陽及水星合相於雙子座。❷

卡爾‧榮格（Carl G. Jung）的分析心理學強調人格的整合，他的灶神

星與太陽合相於獅子座。❸

英國小說家查爾斯·狄更斯（Charles Dickens）將其超乎常人的心智能量投注於對人類的觀察，是一位著作等身的作家，他的灶神星位於水瓶座，與接近下中天的太陽形成合相。❸ ⑤

原子科學家恩里科·費米（Enrico Fermi）是鈾分裂的發現者，亦發明了原子反應器，他的灶神星與太陽合相於天秤座第六宮。❶

灶神星與月亮的相位

灶神星的聚焦本質與月亮的情緒回應結合，此組相位代表個人的自我涉入和整合可能發生在其情緒領域。

和諧相位代表在身心方面滋養他人的天性，可能是對家庭的付出或非常渴望照顧他人，對各種性愛情境都能感同身受並投注情感，他們也可能對性抱持自由開放的態度。

緊張相位則意味著與自我情感需求的疏離，形成對親密關係和家庭承諾的恐懼，而潛在性能力或不育的問題，也可能引起他們過於情緒化的自省。

克服這些挑戰的辦法，在於理解並解除社會對於性道德標準的

制約，相關療法可以幫助他們釋放阻塞的性能量和情感能量，從而使自由且開放的自我表達得以實現，放下不必要的批判，有助於平衡個人對親密情感的需求以及對缺點和短處的糾結。

星盤案例：夏爾‧波特萊爾（Charles Baudelaire）的灶神星與月亮合相於巨蟹座，並與太陽白羊座形成四分相，他的詩作描寫性折磨，而自己死於梅毒。❶

瑪麗亞‧蒙特梭利（Maria Montessori）的灶神星位於上中天，與位於天蠍座第四宮的月亮形成對分相，她致力於改善弱勢孩童的生活。❷

護士佛羅倫斯‧南丁格爾（Florence Nightingale），又被稱為「提著燈的女士」（the lady with the lamp），她的灶神星與月亮及太陽合相於金牛座，且與婚神星天蠍座形成對分相，為了全心照顧克里米亞半島的傷兵，她放棄結婚，並革新了全世界的醫院和護理管理。❸

作家維吉尼亞‧吳爾芙（Virginia Woolf）的灶神星與土星位於金牛座且與月亮白羊座形成合相，她將敏感的情緒投注於心理感知和細緻的人物描寫上，她亦受苦於反覆發作的精神崩潰。❶

灶神星與水星的相位

灶神星的聚焦本質與水星的心智表達結合，此組相位強調需要

集中思考，進行有重點的交流。

　　和諧相位代表高度發達的心智，能夠有效地專注並集中思考，對於表達自己的看法或投身於教學傳承有強大的動力，他們在研究領域或媒體業亦能有出色的表現。

　　緊張相位代表溝通上的困難：太過注重用字遣詞，或言詞含糊不清，也可能過度自我反省、心緒反覆不定或在學習時專注力不足，某些人還可能由於缺乏與伴侶溝通，導致性方面的問題。

　　克服這些挑戰的辦法，是釐清個人的目標和思想，卸下不必要的心理包袱，一旦心智運作變得敏銳和專注，就能清楚地溝通。

星盤案例：以理論原子物理學研究而聞名的物理學家維爾納‧海森堡（Werner Heisenberg），他的灶神星與水星合相於天蠍座，有著高度集中的洞察力。❶

英國瑪格麗特公主（Princess Margaret of England）的灶神星與水星合相於處女座第六宮。❸

灶神星與金星的相位

　　灶神星的聚焦與金星愛與性的陰性本質結合，此組相位代表對

親密關係採取自主和獨立的態度。

　　和諧相位意味著能將陰性本質與自我認知相結合，致力於性表達，並能敏銳地覺察女性心理，也可能將性表達昇華為藝術表現或一種靈性層次。

　　緊張相位則代表在獨立／工作以及關係的需求之間存在衝突，常與人群疏遠，這可能表現為心理或生理上的冷漠、對親密關係的恐懼和退縮、清教徒式的性態度；或者完全相反的表現方式：濫交。

　　克服這些挑戰的辦法，是在親密關係中整合個人的獨立性和工作能量，制定一套個人專屬的性守則，能促進此一過程。

星盤案例：阿內絲・尼恩（Anais Nin）的金星與灶神星合相於雙魚座，她能夠將陰柔特質與自我的獨立性融為一體，並在小說中書寫了關於女性的內在私密與心理覺察。❷

英國畫家暨詩人但丁・加百列・羅塞蒂（Dante Gabriel Rossetti）的灶神星與金星合相於巨蟹座，展現在他令人魂牽夢縈的女人肖像和詩歌創作。❶

灶神星與火星的相位

灶神星的聚焦與火星行動和主張的陽性本質結合，此組相位強調透過個人意志主導專注力和能量方向。

和諧相位代表在親密關係中整合自主和自立的能力，以及在性表達中的技巧和敏感度，他們有能力將性能量昇華到為某種抱負而奮鬥，如精神鬥士或是十字軍。

緊張相位代表陽性能量的表達限制，可能表現為生理或心理上的性無能，或是與親密關係的疏離，抑或是對付諸行動或履行承諾感到障礙，有些人會在性表達上變得過分激進，試圖填補內心覺得不夠陽剛的那一面。

克服這些挑戰的辦法，在於學習將個人的精力、動力和意志力，與明確的計畫或聚焦的目標方向保持一致。

星盤案例：方濟會的傳教士胡尼佩羅·塞拉（Junipero Serra）的灶神星與火星合相於摩羯座，他是知名的傳道者，為了傳教不顧跛腳，長途跋涉。❸

海莉耶·碧綺兒·史托（Harriet Beecher Stowe）的灶神星與火星合相於天蠍座，她以反奴隸小說《湯姆叔叔的小屋》（*Uncle Toni's*

Cabin）而聞名。❶

重量級拳擊手洛基·馬西安諾（Rocky Marciano）的灶神星與火星合相於水瓶座。❶ ⑤

灶神星與婚神星的相位

灶神星的聚焦與婚神星連結的渴望結合，此組相位代表一種從自立到與他人結合的演化途徑。

和諧相位代表能慎重地向他人許諾，並透過性關係的滿足與精神性的連結，將伴侶關係提升到純淨與完善的狀態。

緊張相位象徵著個人與關係的需求之間潛在衝突，在人際關係中感到疏離或格格不入，在某些情況下，他們會為伴侶犧牲自己，或者對伴侶有過度的癡迷，以性來支配和操控對方也可能是互動關係中的一環。

要克服這些挑戰，取決於個人是否能在一段承諾的合作關係中自立自主。

星盤案例：喜劇演員露西兒·鮑爾（Lucille Ball）的灶神星位於巨蟹座，且與婚神星天秤座形成四分相，她一生中，絕大部分時間都與丈

夫德西・阿內茲（Desi Arnez）共度表演生涯。

法國作家科萊特（Colette）的灶神星與婚神星合相於射手座第三宮，
這組相位展現在她與三任丈夫合作了關於女性的愛情和嫉妒的作
品。❷

灶神星與木星的相位

灶神星的聚焦與木星擴張／拓展的渴望結合，此組相位代表個
人所奉獻和承諾的領域，帶有擴張的性質及社會願景。

和諧相位代表投入於追求真理和知識，能專注而綜合地去評估
大規模議題裡的局部細節；灶神星的性能量會在政治、教學、政府部
門或靈性奉獻等領域中獲得昇華。

緊張相位代表個人信念與群體利益之間潛在衝突，這些人可能
認為自己的信念是唯一正確的真理，例如宗教裡的基本教義派。在某
些情況下，也可能給出太多承諾，因而無法兌現，其他議題可能包括
過度誇大的性恐懼或過度注重性能力。

克服這些挑戰的辦法，在於將個人專注力擴及到社會和文化形
式，並在其願景中加入信念、希望和樂觀。

星盤案例：英國的伊莉莎白一世（Elizabeth I）被稱為永遠的「處女女王」（Virgin Queen），此稱號恰好為其灶神星位於雙子座且與木星射手座形成對分相，下了最好的註腳，她在位期間保持單身，有許多愛人，擴張了英國的殖民地，並試圖解決國內的宗教衝突。❸

李奧納德‧伯恩斯坦（Leonard Bernstein）能創作和指揮動人的交響樂曲、音樂喜劇、電影配樂、室內樂和芭蕾舞劇，其才華呈現在星盤中灶神星與木星合相於巨蟹座的相位組合。❶

灶神星與土星的相位

灶神星的聚焦與土星創造形式和結構的渴望結合，此組相位代表強烈的專注力和堅定的能量。

和諧相位代表自律、堅定的決心，透過全心投入、努力工作以實現目標和志向，一旦達成這些目的，就能紮下堅實穩固的根基；此相位亦能代表對個人職責和義務的投入。

緊張相位代表在個人需求與對他人的責任之間存在衝突，可能表現為迴避承諾，或因承擔過多的責任而痛苦不堪，這些人會為自己和他人設下苛刻的完美標準，其他問題還包括工作狂、野心過大以及各種性恐懼和限制。

克服這些挑戰的辦法，在於發展出一套平衡的機制，在盡到世俗責任的同時，個人也能從中感到滿足及獲得成就感。

星盤案例：保羅·高更（Paul Gauguin）的灶神星與土星合相於雙魚座，並與位於處女座的穀神星形成對分相，他離開妻子和五個小孩，順應藝術天命的呼喚，前往玻里尼西亞。❶

哲學家弗德里希·尼采（Friedrich Nietzsche）的灶神星與土星合相於水瓶座第二宮，他堅信，人們以批判的眼光審視傳統價值觀及其根源的時代已然到來。❶

灶神星與天王星的相位

灶神星的聚焦與天王星的個體、直覺結合，擁有此組相位的人能將全人類的原始渴望注入於個人的奉獻精神中。

和諧相位代表心智集中，並專注於創新和直觀的想法，這些人可能會參與科學和神祕學研究，除此之外，也可能將人生投入於新型態的政治、靈性和革新願景。他們有時是性解放的倡議者，並在性關係中保持非占有的開放行為。

緊張相位可能指出，在重視自己的渴望與對創新變革的渴望之間潛在衝突，致使他們不願履行個人義務或表現得反覆無常，從而阻

礙了長期承諾；更確切地說，此種相位會表現為「為叛逆而叛逆」。
在某些情況下，會表現出偏離傳統的性觀念和道德規範，離經叛道的
行為模式。

　　克服這些挑戰的辦法，在於承諾、並投入於能夠從舊秩序中帶
來具建設性、修復性的創新與改革，或為新秩序建立起功能性的結
構。

星盤案例：科學家喬治・華盛頓・卡佛（George Washington Carver）
的灶神星與天王星合相於雙子座，他在農業化學方面的研究，改革了
美國南方的農業。❸

李奧納多・達文西（Leonardo da Vinci）的灶神星與天王星形成對分
相，是歷史上橫跨多種領域的天才之一。❸

政治家夏爾・戴高樂（Charles de Gaulle）位於天蠍座的灶神星與天王
星天秤座形成合相，在第二次世界大戰中，他領導法國人抵抗德國，
並在法國的海外殖民地獨立後，繼續帶領他的國家。❸

灶神星與海王星的相位

　　灶神星的聚焦與海王星超然的渴望結合，此組相位強調了對靈
性或藝術理想的熱愛。

　　和諧相位代表深切的同情心，其參與的方式如同需回應全世界的伺服器一般，可能長期致力於靈性道路或為藝術奉獻，有些人也可能透過性結合來體驗海王星的神祕合一。

　　緊張相位代表分散的專注力和對承諾感到困惑，對現實的誤解可能導致不適當的自我否認和自我犧牲，其他問題可能包括對性或靈性的幻滅，或逃離工作。

　　克服這些挑戰的辦法，是運用灶神星專注和集中的能量，來面對物理現實和其他維度的世界。

星盤案例：西班牙畫家法蘭西斯克・哥雅（Francisco Goya）的灶神星與海王星形成對分相，這組相位帶給他靈感，在繪畫中描繪出他探索人類情感和潛意識中更深層次的現實。❸

超現實主義畫家薩爾瓦多・達利（Salvador Dali）的灶神星與海王星形成合相，他也運用了其所賦予的才華，創作了「如照片般寫實的手繪夢境」，其中多幅畫作帶有強烈的性聯想。❸

占星家桃樂絲・多恩（Doris Chase Doane）的灶神星位於摩羯座第一宮，且與位於巨蟹座第七宮的海王星形成對分相，她與丈夫一起工作，擔任受按牧師和教師。❷

灶神星與冥王星的相位

灶神星的聚焦與冥王星轉化的渴望結合，象徵著命運以及推動社會轉型的個人承諾。

和諧相位代表能夠集中並導引大量精力來洞察隱而未知的領域，他們可能為了獲得再生、療癒和啟蒙，而改變自我性向，此組相位也意味著將個人力量投注於靈性或為社會理想的服務。

緊張相位代表投入個人力量的時候，存在私利或公眾利益之間的衝突，這可能導致個人的需求受到阻礙，或被大規模地釋放而造成破壞，也可能有強迫的性衝動、對死亡的過度恐懼、偏執狂和過度自私自利，抑或在社會中感到過於孤立。

克服這些挑戰的辦法，在於將力量集中運用在具有建設性的社會變革和轉型。

星盤案例：無政府主義者艾瑪·高德曼（Emma Goldman）透過革命活動以及對自由愛情、節育和無神論的倡導，展現了灶神星天蠍座與冥王星金牛座的對分相。

① 譯者註：原文為 Vesta conjunct her Aries Ascendant，經查證星盤為作者筆誤，故將「上升點」改為「第一宮」。
② 譯者註：經查證星盤，作者以 19:56 起盤。
③ 譯者註：經查證星盤，作者以 18:45 起盤。
④ 譯者註：經查證星盤，作者以 May 27, 1878 14:20 起盤。
⑤ 譯者註：經查證星盤，作者以 23:59 起盤。
⑥ 譯者註：經查證星盤，作者以 1924 年起盤。

第十章

朱諾：神聖配偶

★

我讚頌赫拉
她坐擁黃金寶座
雷亞為她母親
她乃不朽女王
雍容華貴之尊
她是姊姊
她亦是妻子
之於雷電之神宙斯
她榮耀一身
廣袤奧林帕斯山上眾神
景仰她
祂們敬畏她
甚同於宙斯
司掌閃電之主的戀人 ①

朱諾的神話

　　婚神星 —— 婚姻女神朱諾（Juno），是奧林帕斯中兩位正式結婚的女神之一，另一位是維納斯·阿芙蘿黛蒂。相較於維納斯完全無視於自己的婚姻誓言，宙斯（朱庇特）之妻朱諾，她因對婚姻

的忠誠和忠貞而受到崇敬。朱諾被希臘人稱為赫拉（Hera），*hera*
源於字根 *he era*，意指「大地」（the earth），也被譯為「女士」
（lady），即「英雄」（hero）的陰性名詞。她被描繪為一位美麗
而端莊的女人，秀髮上戴著王冠頭飾（繪有荷賴和美惠三女神的后
冠），髮後披掛著頭紗，有孔雀隨同，彩虹常伴左右，左手握著一
顆石榴（代表她曾是死亡女神的象徵），右手持著權杖，權杖上頭
停了一隻杜鵑鳥。

根據羅馬人的說法，每個男人都擁有一個被稱作「精靈」
（genius）的內在生殖力；同樣地，每個女人都有自己的「朱諾」
（juno），代表受孕和孕育的能力。「朱諾」的美德後來發展為女
神朱諾，即生產與母職的守護神：她化身為朱諾・盧克麗霞（Juno
Lucretia），是神聖之光的陰性本質；她化身為朱諾・盧西娜（Juno
Lucina），是引領孩子走進光明的生產女神。

然而，朱諾最重要的角色是作為已婚女子的守護神，她安排並
主持了所有合法婚姻的儀式；六月是她神聖的月份，直至今日，仍然
有許多女性認為在六月結婚能夠得到她的祝福，因而被稱為「六月／
朱諾新娘」（June/Juno brides）。朱諾也掌管女性的生殖周期，作
為曆法女神，她藉月經周期象徵著時間有序地流逝，因此，羅馬婦女
會在每個陰曆月的第一天膜拜她。

宙斯與赫拉的故事

在奧林匹亞萬神殿中，宙斯的姊姊赫拉，與她的手足一起被父親克洛諾斯吞下，當她從克洛諾斯的肚子中被釋放出來時，諸神正與泰坦眾神搏鬥廝殺，她便由歐開諾斯（Oceanus）和特提斯（Tethys）撫養長大，與此期間，宙斯也對她萌生了愛意。有一天，宙斯發現赫拉獨自沿著阿爾戈斯（Argos）境內的索那克斯山（Mt. Thronax，現今的杜鵑山 Cuckoo Mountain）信步閑遊，他便偽裝成杜鵑鳥；杜鵑的啼聲預告著能夠帶來生產食物和水果所需的雨水，因而被先人視為是暴雨的預兆及繁衍的象徵；宙斯遂從天空倏地墜下，一路滑落到赫拉的膝上，在寒雨中瑟瑟發抖，赫拉憐憫這隻溼漉漉、受到驚嚇的小鳥，便將牠拎到胸前，用斗篷為牠保暖，此時，宙斯立刻恢復了真身並強暴了赫拉。受到侵犯的赫拉感到羞恥，心中湧現的罪疚讓她不得不與宙斯結婚。

另一則傳說中，這段神聖婚姻在薩摩斯島（Samos）祕密地舉行，並維持了三百年之久，而需要保密的原因，可能是宙斯的母親雷亞曾叮囑他不要結婚。這則傳說描述了一夫一妻制如何被強加於原始部落的信仰中，因此，也可能代表赫楞人（Hellenes）②，花了三百年才征服了赫拉的人民。③

宙斯與赫拉結婚後，偕她到奧林帕斯共享他擊潰泰坦神後所贏得的寶座。婚禮儀式上，諸神帶來了各種禮物予以祝福，如蓋婭（大

地之母）送給赫拉的金蘋果樹；諸神還參加了新娘遊行，伴襯著由命運三女神（the Fates）吟唱的詩頌。至此，兩位主神在這段被強迫的婚姻中才開啟了各自文化的融合。

甫新婚的神聖新娘和新郎互訴衷情、柔情蜜意，在史詩《伊利亞德》中，荷馬講述了他們在艾達山（Mt. Ida）上的恩愛情事；宙斯拿赫拉同昔日的情人相比，對她讚譽有加：「從來沒有任何女神或女人，能激起我如此的愛慾，充盈並擄獲了我的心⋯⋯我亦從未感受過這般的愛戀，這般因你漾起的甜蜜渴望，此刻滿溢了我。」④ 不幸的是，除卻片刻的性狂喜，這對夫妻的幸福婚姻很快地褪色了。

赫拉與宙斯的審判

往後的婚姻歲月裡，宙斯和赫拉一直處於劍拔弩張、永無止境的鬥爭狀態，儘管宙斯會徵詢赫拉的意見，但他從未完全信任她。在一些傳說中，宙斯會憤怒地向她投擲雷電以作懲罰，為了報復，赫拉則暗地裡謀策，欲擊敗且羞辱宙斯。當赫拉再也無法容忍宙斯的不忠和傲慢時，她在雅典娜和阿波羅的幫助下，用打了結的皮帶將宙斯捆綁在床上，任憑眾神嘲笑和侮辱他，替自己出了一口氣，直到百臂巨人布里亞若斯（Briareus）讓宙斯重獲自由；宙斯為了懲戒赫拉，用金手鍊纏緊她的手腕，並在她的腳踝繫上沉重的鐵砧，將她高掛在空中。

　　赫拉在一夫一妻制的婚姻下，崇敬她的神聖性儀式遭剝奪，被束縛在貞操帶中。她對丈夫的忠貞堪稱典範，但另一方面，宙斯卻不斷地周旋於女神和凡人之間，四處拈花惹草。最讓赫拉深切地痛苦和憤怒的，是眼睜睜卻束手無策地看著宙斯和他的信徒們摧毀對她的女神崇拜，她被迫順服和屈從，而她唯一反擊宙斯的方法，就是報復他的情人和他們的孩子；被赫拉視為背叛她而受到迫害的女性包括勒托（Leto）、伊俄（Io）、卡利斯托（Callisto）、拉米亞（Lamia）和阿爾克墨涅（Alcmene），每一次，若非赫拉為她們鋪好了死路，就是對她們降下可怕的詛咒。

赫拉作為完美的妻子

　　儘管赫拉的婚姻狀況波濤洶湧，但她依然待在這段關係，並從中找到成就感，因此被視作新娘和妻子的典範而受人崇敬。在古典神話中，赫拉最偉大的天性是：儘管宙斯不忠，但她仍能效忠於他；那些試圖勾引她的人，例如巨人波爾費里翁（Porphyrion）、厄菲阿爾特（Ephialtes）和伊克西翁（Ixion），除了被赫拉嚴正地拒絕，更受到宙斯的嚴厲懲罰；為了貞潔的名譽，赫拉一再拒絕以出軌的性行為羞辱丈夫；「作為婚姻女神，赫拉所保護的是一夫一妻制的婚姻形式，或者從女人的角度來看，她因只侍一夫而圓滿，她亦是丈夫唯一的妻子」。⑤ 諷刺的是，這種合法的男女結合形式，對生育後代卻沒多大幫助，歸屬於這對神聖夫妻的子嗣不超過四個——戰神艾瑞斯（Ares）、工匠之神赫菲斯托斯（Hephaestus）、助產女神埃雷圖亞

（Eileithyia）和青春女神赫柏（Hebe）——傳說中，這些孩子皆非因宙斯和赫拉的結合所生，反倒是受宙斯性侵的赫拉的女祭司和信徒們，卻生出了許多希臘英雄。

赫拉與她的孩子們

為了實現想要孩子的渴望，同時又能維持她的貞潔，赫拉獨自生下了幾個孩子。她懇求被監禁的泰坦神協助她生出與宙斯一樣強壯的兒子，來與宙斯創造帕拉斯‧雅典娜的壯舉相稱。於是，在獨身閉關一年之後，赫拉產下「德爾菲的堤豐」（Typhaon of Delphi）——一隻有著一百顆燃燒的蛇頭生物，牠後來成為宙斯可怕的敵人；接著赫拉觸摸了花神芙蘿拉（Flora）獻供具催育之效的山楂花之後，就懷上戰鬥與紛爭之神艾瑞斯，宙斯因他像赫拉一樣熱衷於暴力和破壞而厭惡他；最後，赫拉誕下赫菲斯托斯——技藝高超的工藝與工匠之神，但由於赫拉是帶著憤怒懷上孩子，因此他生來就有跛腳的殘疾，而赫拉則因生出一個畸形兒感到羞愧，遂將他從奧林帕斯拋入海中，以掩飾她是孩子的生母。（在更古老的傳說中：赫菲斯托斯之所以畸形，源於他是在父母保密了三百年的婚姻中所出生的早產兒，⑥赫拉為了保護這位身體有缺陷的孩子，並掩飾自己的背叛而將他藏匿起來。）赫拉冷酷無情的舉動也讓她自食惡果，赫菲斯托斯為了報復，將她囚禁在自己親手打造的寶座中。

赫拉和宙斯之間緊張的性關係，不僅為這段不孕的婚姻帶來長

期的煎熬，也象徵著母系血統與父系血統之間的鬥爭。宙斯透過對赫拉禁慾，剝奪了她在性慾與情感的滿足，以及生育神聖血統後代的體驗，因為若依循母系血統的習俗，最終將可能篡奪宙斯的統治地位，另一方面，赫拉也拒絕為宙斯生下能夠合法繼承他頭銜的男性繼承人——一夫一妻制婚姻的真實理由——以此抵制父系血統的傳承；然而，赫拉的教徒仍將二人的婚姻奉為信仰核心，直到赫拉最終接納並承認了赫拉克勒斯（Heracles）——也稱為海克力斯（Hercules），一切才圓滿落幕。

赫拉克勒斯，他的名字意為「赫拉的榮耀」，在赫拉的信仰與宙斯的信仰結合之前，赫拉克勒斯可能是赫拉最初的神聖配偶和保護者，以抵禦來自亞該亞（Achaean）的敵人珀爾修斯（Perseus）。後來，赫拉克勒斯以宙斯之子——海克力斯的身分出現，他力大無窮，是宙斯與美麗的凡人阿爾克墨涅（Alcmene）所生。有一則傳說如此描述，當赫拉意識到海克力斯帶有光榮的天命時，她企圖奪走他作為珀爾修斯貴族統治者的長子繼承權，這導致了兩人之間終身的激烈敵意；在另一則故事中，睡夢中的赫拉被拐騙餵奶給海克力斯，以使他長生不死，當赫拉突然驚醒時，她將胸前的海克力斯拽開，而自乳房中噴出的神聖乳汁則遍灑天堂，創造了銀河（Milky Way）。

然而，在其他傳說中，宙斯說服赫拉在重生儀式上領養海克力斯，這對赫拉來說有著更深層的轉化意義；在重生儀式上，赫拉回到床鋪，將這位魁梧的英雄緊抱在胸前，並模仿生產的過程，將海克力

斯從她的長袍下推（原始部落仍採用此種收養儀式）⑦，經此儀式，
海克力斯即被赫拉所接納，且視若己出，對他疼愛有加。赫拉迎接
海克力斯成為一位奧林匹亞神，並讓女兒赫柏（Hebe）與他結婚。
赫伯是「青春之神」，如同赫拉少女時的自己；透過接納海克力斯一
事，赫拉與宙斯和好了，西元前六世紀，他們開始共享同一座祭壇，
而這是較古老時期的女神們未曾有過的待遇。

赫拉的獨居

　　宙斯和赫拉的神聖婚姻成為人類婚姻的原型，兩人分分合合的
神話被視為是其關係中不可或缺的一部分；「有些特別的傳說提及了
赫拉的獨居，她遠離眾神和她的丈夫……赫拉幾次置身於最深的黑暗
中漫遊，但最後總毫無例外地回到丈夫身邊」⑧ 在一則傳說中，赫拉
因宙斯的不忠行為備感羞辱，而自己惹人生厭的模樣更叫她無地自
容，於是她離開了宙斯，退隱到少女時期居住的尤比亞島（Euboea），
宙斯無法勸她回家，於是設了一個詭計，宣布將馬上與當地的公主結
婚。婚禮當天，宙斯帶著一尊蒙上面紗的木頭新娘，隨新娘遊行的列
隊前往喀泰戎山（Mt. Chitaeron），見到這一幕景象，赫拉及一群跟
在她腳後的普拉塔亞（Plataiai）婦女衝了出來，將這木頭新娘一把搶
下，扔到垃圾堆中。儘管她知道這是宙斯的詭計，但還是在笑聲中與
丈夫和解了。

　　希臘神話反覆地強調赫拉需要定期的隱居獨處，她每年都會在

阿爾戈斯的卡納索斯（Kanathos）溫泉中沐浴以恢復童貞，為與宙斯的團聚做準備。

至此，我們講述了偉大的古希臘女神赫拉的故事，新娘戴頭紗的習俗因她而起，她卻未曾從丈夫身上尋得一絲滿足。

朱諾於古希臘時期的起源

在古希臘時期之前，原始部落的女神信徒有著各種崇拜赫拉的形式。早期的赫拉雕像美麗優雅且充滿活力，奧菲斯（Orphic）在一首獻給赫拉的詩頌中吟唱著：「願您，神聖祝福的女神和統領一切的女王，願您的降臨帶著仁慈，歡欣常駐您可愛的臉龐。」⑨ 在金牛座世紀，赫拉被崇拜為牛眼的天空女王（cow-eyed sky queen），司掌女性從童年到老年的各個階段；作為三相月亮女神的化身，赫拉象徵著女性三階段的生命周期：

「赫拉‧帕爾特奈」，代表新月和萌芽之春，即童貞少女；
「赫拉‧泰利亞」，代表滿月和繁茂之夏，即已圓房的新娘；
「赫拉‧凱拉」，代表黯月與荒蕪之冬，即孤獨的寡婦。

赫拉一般被認為出生於薩摩斯島，由四季女神撫養長大，作為古希臘偉大的女神，許多宗教城市都奉她為主神，如阿爾戈斯、薩摩斯、尤比亞島，以及蒂林斯（Tiryns）和邁錫尼。赫拉的符號也被保留在克里特島和安納托利亞（Anatolia）的西海岸，她在奧林匹亞的

神廟遠比宙斯的神廟更為古老。

赫拉的慶典被稱為赫瑞亞節（Heraea），這是一場在奧運會之前舉行的女子競走賽事，參賽者分為三個年齡級別，每一級別的優勝者會獲得象徵和平與生育力的橄欖桂冠，以及分得一部分獻給赫拉的母牛牲禮，她們藉由享用赫拉的神聖母牛與女神合而為一。在後來的時期，於赫瑞亞節被選中的處女，以及在僅限男性參加的奧林匹克戰車競賽中的勝利者，演變為古代仲夏時節舉行神聖婚姻的新娘和新郎。⑩

最初，赫拉是唯一的統治者，尚無配偶，但當亞該亞部落從北方入侵希臘時，赫拉的崇拜就成了必先除去的障礙，因此，亞該亞人使赫拉成為他們主神宙斯的神聖伴侶，赫拉被迫下嫁宙斯，象徵她在克里特島和希臘邁錫尼至高且唯一的統治地位被推翻。⑪在後續神話中，這對神聖夫妻間的爭端，實際上描述了宙斯的亞該亞人信徒，與赫拉的阿爾戈斯人信徒之間的種族衝突。雖然荷馬向來將赫拉描述成善妒及好辯的妻子，但她真正的形象是，在國家動亂中，受外來征服者脅迫、但卻從未真正屈服的落難公主。⑫

婚神星 —— 朱諾

希臘時期的赫拉

連結的本質

角色

婚姻女神

天空之后

三相月亮女神

占星符號：⚵

王室權杖

象徵物

權冠（后冠）

頭紗

權杖

孔雀

杜鵑

石榴

母牛（神聖小母牛）

彩虹（風和氣體）

相關的主管星座

天秤座

天蠍座

極性

親密／心機操縱

婚神星占星學

　　婚神星作為曼陀羅的圓心，是陰性本質與陽性本質的結合之所，也代表連結的本質，透過忠誠的合作關係，她努力實現與他人完美且平衡的結合。因此，婚神星與其主掌的**天秤座**和**天蠍座**之間有著很強烈的連結，因為這兩個星座分別代表了婚姻和圓房。

　　天秤座和天蠍座呈十二分相位，但此相位也暗示當試圖運用這兩種不同的資源時會出現的摩擦，同樣地，朱諾主要的挫敗感也來自於和朱庇特結婚後，她無法在這段婚姻中盡情地發揮她的內在潛力。

　　透過朱諾與其同伴維斯塔的對比，我們更能理解朱諾的心理機制，兩位女神同樣運用了金星的性能量，目的卻截然不同：維斯塔在發生性關係後重新汲取能量，以回歸個人，她是完全屬於自我的「處女」，但另一方的朱諾是將性能量投注於承諾的關係中，以達到自我的超越。因此，朱諾代表未婚的年輕女子成為成熟女性的完整核心要義，是從自我一體的處女過渡到「赫拉‧泰利亞」，即新娘和配偶的完美狀態。

　　朱諾象徵對神性結合的嚮往，藉此實現情感、性和心理上的圓滿。關於她的故事，有些版本暗示她被迫嫁給朱庇特，但有另一些則指出她自願放棄自己的力量，以體驗深切且全然圓滿的「加莫斯」

（*gamos*，希臘語的婚姻之意）；但是，朱庇特沒有達到她的理想期望，反而接收了她的權力和主權，然後將她困在一夫一妻制的婚姻中：禁止膜拜她的宗教習俗、助長摧毀對她的崇拜、炫耀自己的不忠行為，且在沒有朱諾的參與下創造自己的孩子。「對赫拉而言，宙斯已不再是 *Teleius*（希臘語的完美）——『帶來完美的人』，而是 *Ateleius*（希臘語的不完美）——『阻擋夢想的人』。」⑬朱諾的苦難來自於拒絕在婚姻中的深度結合，進而表現出病態的嫉妒，使原本健全的朱諾原型被曲解，並流傳至現代。

因此，占星學中的婚神星代表了對於堅定的承諾和基於平等關係而結合的需求，以及當這種需求被拒絕或受阻時，所出現的各種痛苦和精神症狀。

婚神星作為關係的象徵星

在星盤中，婚神星代表激發我們尋求婚姻的情感和心理需求。對朱諾而言，諸如生育、性、懷胎和育兒等其他的陰性功能，都遠不及她與另一半融合的需求來得重要。因此，在星盤中有強烈婚神星的人，無論男女都執著於走入**承諾關係**中，他們一生都經歷著**第七宮**的課題，並學習如何發展與他人合作、妥協、理解以及和諧。

婚神星通常代表**伴侶**（或我們投射到伴侶身上的那些特質），但是根據不同的情況，這顆小行星可以描述任何親密的一對一關係，

例如導師—門徒、治療師—客戶、合夥人或密友；另外，當婚神星代表「重要的另一半」時，所謂的伴侶並不需要像神話那樣有正式的婚姻關係，在當今不斷變遷的社會風俗與觀念中，任何同居的伴侶關係，無論是異性戀或同性戀者，都可以視為是婚神星式的關係狀態。

婚神星的流運描述了關係開始的時間點，以及出現危機和分離的時期，她掌管了追求、訂婚、結婚、結婚周年和離婚等相關儀式。在比較盤中，婚神星主要代表兩人之間的契合度和業力的牽引，因此，以婚神星作為一段關係的主要象徵，可簡化比較盤的分析過程，且婚神星所提供的重要訊息，是無法從傳統中關係主題的主管者（金星、火星、太陽、月亮以及與第五、第七和第八宮的守護星座）來獲得。

占星家可能意識到——傳統的星盤詮釋中，在描繪婚神星與月亮、金星的意義上有許多相似之處，這種相似性之所以存在，乃因月亮是陰性能量的基礎，金星是月亮活躍的性表達，而婚神星作為妻子和伴侶的角色，明確地與月亮—金星的能量有所區別。

關係中的各種心理病徵

當婚神星對關係的需求無法得到滿足或被拒絕時，婚神星所在的星座即代表了由此而生的各種心理情結，且通常與天蠍座有關；其中包括嫉妒、佔有慾、不忠、征服、操縱、情感、性慾的權力遊戲、

投射、背叛和遺棄。接下來，讓我們更詳細地檢視這些行為。

不忠

　　損害關係的嫉妒心，源於我們現代文化中一夫一妻制的性貞操議題，忠貞、忠誠與否，最終都取決於人們對性的界限；朱諾在與朱庇特的婚姻中立下了守貞誓言，也為人類建立了此種模式。

　　將性貞操用於維繫一段承諾的關係是非常有效的，但如果這種忠貞是透過強力壓迫來維持，或者有雙重標準，那麼隨之而來的不公平、欺騙和不信任感，就會開始侵蝕這段關係的基礎。

　　對於肉體出軌最常見的反應是憤怒，儘管這股怒氣理當針對不忠的伴侶，但更多時候是衝著伴侶偷情的對象，例如朱諾對朱庇特的情人和他們的孩子施以報復，這也讓朱諾成了多疑之妻的象徵，她與陰性根源的連結因而被切斷，開始與女性同胞對抗、競爭、中傷，並刻薄地對待其他女人。同樣地，朱庇特也代表一種特定的男人類型，他們將妻子視為個人財產，充滿嫉妒地防衛任何潛在男性競爭者。

　　因此，從占星學的角度來看，婚神星描述了性**貞操**的議題，以及為了維持性貞操所採取的壓迫和強迫的模式；婚神星也代表受盡另一半冷落輕視，而最終以暴力反擊時，一併爆發的屈辱、羞辱、憤怒和復仇心態。

關係中的犧牲

一夫一妻制暗示著一項重要的協議,即一個人因他／她為婚姻所做出的犧牲而被愛,而由於這種認為愛意味著犧牲的假設,許多婦女被迫以放棄個人職涯、教育機會、育子渴望、與家人的親近、宗教信仰、政治信念或物質資產,來表明對伴侶的愛。

當一個人為伴侶放棄許多事物、做出各種妥協時,他們自然會希望得到某種形式的回報——通常是愛、感激或欣賞。如果沒有互惠的關係,那麼婚神星型的人會心存怨恨,為自己的付出感到懊悔、憤恨,還會對任何吸引伴侶注意力的事物——包含可能的情敵,抑或是伴侶的朋友、職涯、家庭和愛好等,有越來越強烈的嫉妒心。

因此,在占星學中,婚神星所象徵的嫉妒和怨恨,是當關係中的一方所做出的犧牲,沒有得到應得的感謝時油然生起的情緒,他們會透過沉默來表達憤恨,或激烈地要求對方、採行一報還一報的互動方式。

關係中的恐懼

害怕被拋棄:這是婚神星型的人所要面臨的、最強烈的恐懼之一。正如朱諾的童年是在父親(克洛諾斯)的腹中度過那樣,父權文化中的女性已經慣於從男性身上尋求必要的支持和保護,因此,許多婦女認為:倘若遭丈夫拋棄,她們將不知該如何養活自己。

在相似的模式下，男性也習慣接受母親或妻子的照顧，所以配偶的離去會令他們恐懼，並引起情感上的被剝奪感，而當他們處於這樣的不安當中，往往引發過度的佔有慾，藉此來保護自己免於失去生計。

因此，在男女雙方的星盤中，婚神星都象徵著害怕失去重要的另一半，以及因這種不安引起他們緊抓對方不放的佔有慾。

對背叛的恐懼：許多有強勢婚神星的人，藉由擔憂伴侶會如朱庇特般地不忠，來活出朱諾的神話情節，並讓這樣的恐懼吞噬他們。在某些情況下，他們的擔心其來有自，但在其他情況下，他們會將自己被壓抑的性或精神自由的需求，投射到伴侶身上；這些人沉迷於幻想自己的伴侶與別人在一起，實際上是把自己的恐懼化作現實，而他們表現出多麼強烈、激昂的嫉妒心，會與他們壓抑自身對自由需求的程度有直接的關係。

因此，占星學中的婚神星代表對背叛的恐懼，尤其是源於伴侶不忠的事實或想像。

對性的恐懼：不同於帕拉斯・雅典娜隱藏自己的陰性氣質，從而在男性主掌的世界中獲得信任，朱諾保持並表現出她的陰性本質，這激起希臘人極大的恐慌，因為在大母神的傳統信仰中，每年被遴選為「年王」的男人，會被視為是獻祭給大母神的情人／祭品，因此，

在男性的集體無意識中,依然有著深入性愛等同於失去生命的記憶連結,並在潛意識中將這些記憶表現為害怕被女性的性能力消耗和吞噬。為了捍衛自己免受這些恐懼的困擾,現代社會中的男性採取了一種「男子氣概」的態度——慾求各式各樣且大量的膚淺性愛,以避免深層的性結合可能產生的後果。

在占星學中,婚神星代表關係裡對性與情感的深度交流所引起的緊張和恐懼。

關係中的權力

當尋找理想天秤座式合作關係時,婚神星型的人會渴望建立一段平等、公平且互惠的關係,但他們往往得到的是失衡且不對等的關係,所以,婚神星的議題象徵了在試圖維持理想與現實的過程中,所導致的權力鬥爭、失望和衝突。

放棄權力:朱諾將她的權力移交給朱庇特後,每當朱庇特使用這些權力壓迫她時,朱諾便會憤怒地回擊,同樣地,許多屈服於丈夫的妻子,會努力地克服自己的無力感,抑或屈於這種形同俘虜的狀態。

朱諾和朱庇特也相互施行各種虐待式的懲罰:朱諾用皮帶把朱庇特捆綁在床上,並嘲弄他,而朱庇特的報復是纏束朱諾的手腕,在

她的腳踝繫上沉重的鐵砧，將她倒掛於天堂。這代表男人和女人同時採行身體和情感的手段來監禁和折磨彼此。在占星學中，婚神星代表的是個人失去權力後的征服和復仇，但此舉反而會讓人陷入自我挫敗的權力鬥爭之中。

隱微的操縱：如果婚神星型的人明顯地被剝奪了權力，那麼他們或許都會試著耍點心機手段，進而取得對自己生活的控制，此類策略可能包括：控管飲食或性行為、操弄罪惡感、孩子、家人，或巧言令色或試圖阻撓、愚弄、欺騙伴侶。長久以來，女性最經常、也不得不採取這些策略，因而在某種程度上，婚神星型的妻子會被貼上鬼鬼祟祟、工於心計、善於操縱和不誠實的標籤；然而，一旦婚神星型的人能夠解決自身關係中的權力失衡，這些策略就不再是獲得主控權的唯一手段了。

孩子作為權力的象徵：由於朱庇特背著朱諾創造了屬於自己的孩子，於是，朱諾也透過獨自生子，並迫害朱庇特的孩子作為報復。因此，在占星學中，婚神星型的人容易在權力鬥爭中把孩子當作籌碼，而婚神星也象徵婚姻中施加於孩子身上的各種剝奪行為，例如利用孩子控制伴侶，或對伴侶在前一段婚姻的子女採取敵對態度。也如同朱諾的兒子艾瑞斯和赫菲斯托斯，象徵了她在個人主張與創造力的表達遭到挫敗，婚神星型的人可能會透過子女來滿足他們被壓抑的認同需求。此外，作為合法婚姻的守護者，婚神星同時彰顯了合法婚生子女的權利，以及社會對私生子的排斥。

投射和壓抑：當婚神星型的人將自己的力量投射到伴侶身上時，他們也一併接收了伴侶的身分認同，因此他們容易以結婚對象的條件來衡量自己的成功、肯定和地位，例如嫁給醫生或與老闆的女兒結婚。

如果一個人在關係中僅是壓抑了對主控權和平等的需求，他／她若非變得麻木和冷漠──形槁心灰，便是因怨懟、憤恨而鬱鬱寡歡──導致身心失調而痛苦不堪。

婚神星和弱勢者：婚神星掌管關係中沒有權力的一方，也代表相對弱勢的社會階層──受虐婦女和兒童，誘騙、強姦及亂倫之下的受害者，少數民族和身心障礙者。也由於朱諾總是與不公不義的人事物對抗，因此婚神星也執掌那些在政治、經濟、教育和司法領域裡，為弱者（尤其是女性）爭取權利的人。

總而言之，婚神星既象徵對關係的需求，也代表拒絕接受關係之間因溝通不良而導致的不平等和不公正，同時，把憤怒、復仇、密謀和狡猾當作抗爭的武器。在本質上，「赫拉真正的力量，是不會因略施小惠就被收買，也不掩飾對權力的渴望。」⑭

婚神星帶入承諾關係的助力

由上述可得知，即便在一段立意良好的關係中，受苦的婚神星

仍會導致不滿和衝突；然而，她本質中的另一個面向是建立在同理心、相互信任、平等和權力平衡的基礎上，將臻至完美的圓滿和親密感帶入關係，而非朱諾與朱庇特在婚姻中神經質的表現；正是如此的願景，才可創造出和諧快樂的關係形式，並樹立新的典範。

婚神星與承諾

如同神話章節所提及的，朱諾描述了一種普遍且三重結構的循環，體現了與伴侶結合和分離的固有節奏。除了女性三個獨立的生命階段外，朱諾的三個面向：帕爾特奈（少女），特莉亞（新娘）和凱拉（寡婦），指的是她在婚姻狀態中自然的韻律交替；她透過新娘浴或在神聖溫泉中周期性地恢復童貞，以新娘的身分為圓房做準備，而此一循環的高潮是她與朱庇特發生的爭執和分離，而後朱諾閉關並躲藏起來。⑮ 但在朱諾的分離中所蘊含的，是復合與和解的承諾。

從女神莉莉絲（Lilith）、朱諾到賽姬（Psyche）的發展階段，可視為女性作為配偶和妻子的心理發展象徵：儘管莉莉絲進入與亞當的婚姻，但是當爭執不下時，她選擇離去，寧可孤獨、被孤立，也不願屈服；朱諾進入了一段關係，儘管她未曾從中獲得真正的幸福和滿足，但是為了解決衝突，她在分居後表現出復合的意願，這種奉獻的精神，為賽姬與她的愛人艾洛斯（Eros）實現靈魂伴侶的融合奠定了基礎。

因此，婚神星在占星學象徵了承諾、堅定不移、忠誠、奉獻，以及在分離與回歸的脈絡中，仍願意堅守這段關係。

婚神星與美化

由於朱諾以其美貌和忠誠聞名於世，婚神星也象徵各種可用於提升關係品質的事物，她善用天秤座的方式呈現金星的美感，為了伴侶而打扮自己、裝點家宅，因此，婚神星也掌管女性（和男性）的美貌和裝扮，包含服飾、珠寶、香水、彩妝、調情等各種撩撥並取悅伴侶的手段；婚神星還將美化的才能延伸到住家，發揮她與生俱來的風格和裝飾品味，創造和諧且愉悅的居住環境；此外，婚神星還因熟稔待客的藝術，使她成為朋友和客人眼中迷人的女主人。

因此，星盤中有顯著婚神星的人，能透過將美麗、和諧和愉悅帶入彼此間的連結，從而改善並增進雙方的關係。

婚神星作為女性的生命周期與各種角色的象徵

一般而言，婚神星掌管了女性的生命進程，並代表以下三種婚姻狀態：準備結婚、已婚和離婚。

在第一個階段，女孩們學習如何吸引男人，並扮演一位好妻子

而不是母親的角色，因此婚神星掌管月經，經期來潮代表女孩已經發育成熟，可以發生性行為，並準備要結婚。

在第二個階段，朱諾成為新娘、妻子、家中的女主人，以及為丈夫追求的各種抱負提供情感支持，（在理想情況下，丈夫也支持著她的目標。）在此階段，婚神星的角色是家庭的核心、住家和社區的保護者。

在第三個也是最後一個寡婦階段，婚神星意味著失去或分居，以及女性重新獲得自我的需求；如果一位女性過去主要依靠丈夫生活，那麼到此階段，她將面臨建立自我身分和內在目標的挑戰。

婚神星的玄祕教義

在玄祕的層次上，朱諾暗示了在婚姻承諾中將性能量用於靈性層面。朱諾神廟中央的床鋪，象徵著在結婚誓言後的圓房儀式，因而，婚神星掌握著古印度譚崔性愛的祕方，遵循此法就能體會性愛的完美境界。

性是神聖祝福

當兩個人透過各自的性高潮連結彼此的振動頻率時，他們便與

整個宇宙調頻,進入「一心」的狀態,雖然此狀態可能僅持續片刻,但卻為這對伴侶帶來了狂喜、宇宙合一以及超越個人意識的真實體驗。

性作為魔法的體現

性行為蘊含創造生命所必要的力量,在性結合的那一刻,人們可以使這種創造力化為視覺圖像,隨後這些圖像將在現實世界中具體成形,這就是魔法的真正意涵──將不可見的意念具象化。

性作為回春的祕方

透過性高潮釋放的能量也可用於療癒,包括使細胞再度極化以促發生命力、淨化身體系統並再生生命的能量;此循環很像是為電池充電的過程。

婚姻作為鍊金術的奧義

在原本的祕教詞彙中,婚姻意指一條超越自我的道路,它將自我的分離轉化為更大的整體,並透過神聖的結婚儀式,將兩個單獨的自我融合成新的存在本質;更甚之,就像許多化學反應一樣,這是一段不可逆的過程。朱諾的靈性天賦促使伴侶雙方都能將婚姻的結合作為一種載體,藉此與貫穿所有生命的神聖之愛合而為一。

婚神星的心理主題

連結的本質
將關係視為自我表達 · 自由和平等 · 親密和分享 · 相互信任和理解 · 建立新的關係形式

關係中的心理病徵
不忠 · 嫉妒 · 屈服 · 背叛 · 情感依戀和佔有慾 · 情感和性的權力遊戲 · 投射和反射 · 放棄權力 · 試圖重獲權力 · 透過伴侶或孩子取得自我認同 · 滿腹牢騷的女人 · 隱微的操縱 · 女人的花招詭計

玄祕主題
譚崔性愛 · 靈魂伴侶 · 婚姻作為鍊金術的奧義 · 靈性關係

轉化的主題
分離與回歸

---

① Homer, "The Hymn to Hera," The Homeric Hymns, trans. Charles Boer (Irving Texas: Spring Publications, Inc., 1979), 7.
② 譯者註：赫楞人（Hellenes）是希臘人的祖先。
③ Robert Graves, The Greek Myths Vol. 1 (Maryland: Penguin Books, 1964), 53.
④ Homer, The Iliad, trans. E. V. Riev (Maryland: Penguin Books, 1961), 265.
⑤ Carl Kerenyi, The Gods of the Greeks, trans. Norman Cameron (Great Britain:

Billings and Sons Limited, 1982), 158.

⑥ Kerenyi, The Gods of the Greeks, 155.

⑦ Sir James Frazer, The Golden Bough (New York: The Macmillan Company, 1960), 17.

⑧ Kerenyi, The Gods of the Greeks, 98.

⑨ The Orphic Hymns, trans. Apostoious N. Athanassakis (Montana: Scholars Press,1977),27.

⑩ Jane E. Harrison, Epilegomena to the Study of Greek Religion and Themis (New York: University Books, 1966), 226.

⑪ Graves, The Greek Myths Vol. 1, 53.

⑫ Jane E. Harrison, Mythology (Massachusetts: Marshall Jones Company, 1924), 95.

⑬ Murray Stein, "Hera, Bound and Unbound," Spring (1977), 111.

⑭ Christine Downing, The Goddess: Mythological Images of the Feminine (New York: The Crossroad Publishing Co., 1981), 95.

⑮ Stein, Spring (1977), 108.

第十一章

星盤中的婚神星

★

　　婚姻女神朱諾因其美麗與忠貞而受到希臘人的敬重，她是理想妻子的典範，體現了婚姻制度中身為另一半應有的職責與態度。

　　她最初被稱為赫拉、三相月亮女神和天空之后，掌管女性的性生活。赫拉經歷了女性的三個生命階段──處女、母親和寡婦，分別對應於新月、滿月和黯月。當她嫁給新的天神朱庇特之後，遠古的赫拉成為奧林匹亞的朱諾，並開始將女性帶入婚姻的儀式；然而，朱諾之所以對其配偶懷有病態的嫉妒和不滿，源於她後來在婚姻中的不幸遭遇。

　　當朱諾扮演妻子的角色時，她象徵親密關係的原則，代表我們建立重要關係的能力，以及我們對關係中的另一個人所給予的關注度與敏感度。

　　在占星學中，婚神星描述了我們面對協調、接納他人、相互分享、信任、嫉妒、佔有慾和權力鬥爭等議題的方式。

　　婚神星所在的星座，描述了十二種連結以及滿足親密關係需求的方式；如果這些需求被拒絕，那麼婚神星也代表我們可能表現出的神經質行為。

　　婚神星所在的宮位，顯示出我們在哪些生活領域最有可能經驗
對連結的需求，以及在該領域遇見對我們而言最重要的關係議題。

　　婚神星與其他行星的相位，描繪了連結的過程如何與人格的其
他面向做整合，和諧相位代表與該行星所代表的事項順暢地融合，而
緊張相位則代表對連結的強烈渴望與其他心理需求之間潛在衝突。

　　婚神星所座落的星座和宮位也描述了我們對理想伴侶的條件。
當個人能將星盤中婚神星衝突相位的不同需求加以掌握與整合時，將
不再需要透過壓力來學習平衡。

婚神星在占星學的主掌領域

婚神星代表所有一對一的關係

婚姻 · 商業 · 友誼 · 合作夥伴 · 伴侶 · 平等與自由 · 權力平
衡 · 協調性 · 婚姻與關係諮詢

婚神星掌管婚姻儀式與制度

貞操與婦德 · 求愛 · 婚約 · 訂婚 · 結婚 · 分居 · 離婚 · 合法
婚姻 · 團體關係中的未婚伴侶 · 婚禮和周年紀念日 · 分娩 · 婚生
子和私生子

婚神星是社交禮儀的象徵
主人／女主人 · 好客 · 餘興節目 · 禮數 · 魅力

婚神星為女性的美麗增色
裝飾 · 衣著風格 · 化妝 · 香氣 · 魅惑 · 裝潢

婚神星代表藝術上的創造才能
女性藝術 · 表演藝術 · 影像投影 · 面具表演 · 舞蹈 · 戲劇 · 聲樂

婚神星為女權發聲
平等權利修正案（E.R.A.） · 女性成為一家之主 · 婦女支持團體

婚神星是弱勢族群的象徵
婦女 · 受虐的妻子 · 受虐兒童 · 受害者 · 少數民族 · 身心障礙者 · 性暴力罪行、誘惑、強姦、亂倫的受害者

婚神星與大氣相關。
天氣 · 氣候 · 氣象 · 暴風雨 · 環境品質 · 乾淨、純淨的空氣

婚神星在十二星座

以下各節所引用的星盤數據來源，以數字圓圈表示：

❶ Lois Rodden 著，The American Book of Charts

❷ Lois Rodden 著，Profiles of Women

❸ Marc Penfield 著，An Astrological Who's Who

　　婚神星在白羊座的人，在關係中需要獨立和自由，若自主的需求受阻，則會以暴怒和生氣作為釋放機制，當他們對自我身分的需求受到抑制時，便會引發如偏頭痛（家庭主婦常見的毛病）等相關病症；婚神星白羊座的人若將自己對力量的認同投射到對方身上時，就可能吸引到跋扈又武斷的伴侶。

星盤案例：因反對同性戀權利而引起爭議的安妮塔‧布萊恩特（Anita Bryant），她的婚神星與土星合相於白羊座／金牛座，她後來反悔，改口稱一切全是她丈夫的主意。❷ ①

　　婚神星在金牛座的人，他們的關係需要有穩定的基礎，其伴侶也必須是可依靠且可信賴的人，以便讓他們真切地感受到身邊有個「靠山」，因此，對於被遺棄、財務陷入困境，以及人身安全的恐懼，可能會使他們叨絮不休、在金錢方面有所抱怨，以及過度渴望擁有有形資產。婚神星金牛座的人可能會親身經歷這些事件，抑或吸引到具有這些特質的伴侶。

星盤案例：溫莎公爵夫人華里絲‧辛普森（Wallis Simpson）的婚神星位於金牛座第二宮且與土星形成對分相，英國政府無法接受她擔任皇

后一職，因此她和丈夫過著上流社會的奢侈生活並四處漂泊。❷

　　婚神星在雙子座的人需要在關係中有言語的刺激和交流，與伴侶一起討論日常計畫，進行各式各樣的活動亦是關係中不可或缺的要素；因此，缺乏日常交流會使他們神經緊張，因幻想與對方的對話而焦慮不安，甚或反覆地自言自語；婚神星雙子座的人亦可能渴望左擁右抱，並在腳踏多條船的關係中駕輕就熟。

星盤案例：尚—保羅‧沙特（Jean-Paul Sartre）的婚神星位於雙子座第八宮，他從伴侶西蒙‧波娃（Simone de Beauvoir）身上尋求的是高度智識的情感交流。❷ ②

　　婚神星在巨蟹座的人渴望透過關係中的親密情感滋養自己，常與對方分享食物且十分重視家庭生活；當這些情感需求無法獲得滿足時，婚神星巨蟹座的人會變得喜怒無常，表現出退縮、執著和依賴等行為。

星盤案例：拉奎爾‧韋爾奇（Raquel Welch）的婚神星與金星和灶神星合相於巨蟹座／獅子座，在娛樂產業中，她極富性感的美貌被投射成一位溫暖、會照顧人且迷人的女伴。❷ ③

　　婚神星在獅子座的人需要在關係中得到仰慕並感到興奮，浪漫的求愛儀式需要被延續到婚姻中，且希望對方能以作為他們的伴侶為

榮；倘若被伴侶視為理所當然、被拒絕或被忽略，婚神星獅子座的人會變得自我中心、做出自私的行為，並以不洽當的方式引起對方關注。

星盤案例：芭蕾女伶瑪格・芳登（Margot Fonteyn）的婚神星與海王星合相於獅子座，她與魯道夫・紐瑞耶夫（Rudolf Nureyev）建立了藝術上的合作關係。❷

婚神星在處女座的人渴望在關係中達到完美的狀態，假若他們的伴侶願意參與關係運作中的例行性分析，並調整雙方的日常作息，將有助於建立一種合作夥伴的感覺；當他們的伴侶不願配合這些調整時，婚神星處女座的人可能會變得過於批判、吹毛求疵和強人所難。

星盤案例：迷人的女演員莎莎・嘉寶（Zsa Zsa Gabor）的婚神星位於處女座，她對自己的六次婚姻都不滿意，並寫作《如何抓住男人─留住男人─擺脫男人》（*How to Catch a Man - Keep a Man - Get Rid of a Man*）一書。❶ ④

婚神星在天秤座的人，需要在關係中與對方平起平坐，並要求公平而互惠的往來，當他們做決定時會徵詢伴侶的意見，並希望得到他們的尊重和認可；如果對平等的需求無法被滿足，那麼婚神星天秤座的人可能會變得不願意合作、過度好勝，甚至直接與對方拼個你死我活。

星盤案例：雪兒（Cher）的婚神星與木星合相於天秤座第四宮，在演藝生涯中，她一直努力與多任丈夫建立平等與相互支持的關係，但仍以失敗告終。❷

婚神星在天蠍座的人，渴望獲得熾熱、濃烈的情感與性愛，並與伴侶保有親密的連結，傾向於控制伴侶，希望對方的關注放在自己身上；若這些需求被阻撓或拒絕，婚神星天蠍座的人會表現出嫉妒、心機操縱，以迴避或拒絕性事來確保自己的地盤不受侵犯。

星盤案例：性治療師西爾維亞·卡爾斯（Sylvia Kars）透過教學、講授和示範新的性復健方法，表現其婚神星與金星合相於天蠍座第九宮的配置。❷

婚神星在射手座的人需要與伴侶進行智識上的交流與刺激，在信念體系上達成共識，抑或對未來有共同的願景；倘若雙方對未來的想望有出入時，婚神星射手座的人會不顧一切地堅持自己的信念、成了宗教狂熱主義者，或對未來有不切實際的期待。

星盤案例：西麗瑪沃·班達拉奈克（Sirimavo Bandaranaike）的婚神星位於射手座第三宮，她的丈夫被暗殺後，她繼任了職位，成為斯里蘭卡的首位女總理。❷

婚神星在摩羯座的人，在關係中尋求深切且有保障的長期承諾，

因而需要傳統形式和法律認證上的保障；如果對尊重和穩定的需求受到威脅，婚神星摩羯座的人可能會試圖控制伴侶並要求對方服從，或將情感抽離。

星盤案例：詩人羅勃特・白朗寧（Robert Browning）與年長而重病的伊莉莎白・巴雷特・白朗寧（Elizabeth Barrett Browning）結婚，並為她付出了一切，此情為世界上最著名的浪漫故事之一，他的婚神星與土星合相於摩羯座。❸

　　婚神星在水瓶座的人要求個體的自由，並需要在關係之外仍保有自己的生活，他們需要有機會嘗試新的關係形式，例如開放式婚姻或角色互換；當婚神星水瓶座的伴侶被剝奪自由時，他們可能會表現出模稜兩可、不可靠或反覆無常的行為。

星盤案例：葛楚・史坦（Gertrude Stein）的婚神星與太陽合相於水瓶座，反映出她在智識與藝術的豐富性，以及另類的交友圈。❷

　　婚神星在雙魚座的人渴望透過關係實現自己的最高理想，他們認為雙方需擁有全然的信心、承諾和崇敬，才得以賦予這段關係意義與價值；當這些理想主義的期望得不到滿足時，婚神星雙魚座的人會感覺幻滅、退縮、自我欺騙、逃避到幻想中、成為殉道者及產生受害者情結。

星盤案例：威廉・巴特勒・葉慈（William Butler Yeats）的婚神星位於雙魚座第一宮，他的許多詩作和劇本都源於對美麗的愛爾蘭民族主義領袖昂德・岡昂（Maud Gonne）的迷戀。❶

婚神星在十二宮位

　　婚神星在第一宮，代表將自我與成為他人的伴侶畫上等號，也認為關係是一種自我表達，在伴侶的支持下會使他們更有自信地做自己，因此，他們必須學習如何建立起一段關係，包含如何認識他人以及與他人相處；婚神星第一宮最重要的關係互動，便是如何向他人展露自己。

星盤案例：駐外大使及外交官克萊爾・布思・魯斯（Clare Boothe Luce）的婚神星昇起於射手座。❷

　　婚神星在第二宮，意味著重視從關係中獲得財務和物質的保障，亦看重在相處的過程中能相互依存並滿足雙方的需求；婚神星第二宮最重要的關係互動發生在與依戀和所有權相關的領域。

星盤案例：貓王艾維斯・普里斯萊（Elvis Presley）慷慨地提供伴侶豪華的房產恩典之地（Graceland），可視為他的婚神星與北交點合相於水瓶座第二宮的表現。

　　婚神星在第三宮，代表需要透過智識和言語的交流來滿足關係的需求，伴侶常是他們理解自我的催化劑；婚神星第三宮最重要的關係互動發生在日常溝通和人際網絡領域。

星盤案例：莎莉‧斯特拉瑟斯（Sally Struthers）的婚神星與月亮合相於射手座第三宮，她作為家扶國際聯盟（Christian Children's Fund）的代表，在許多媒體上為其現身宣傳。❷

　　婚神星在第四宮，代表需要以穩固的關係作為生命目標的基礎，這可能是「將伴侶視為養育者」的完美版本——提供（或必須提供）住所、食物、舒適和支持的人；婚神星第四宮最重要的關係互動發生在個人的私領域或家庭中。

星盤案例：瑪格麗特‧特魯多（Margaret Trudeau）的婚神星位於白羊座第四宮，她無法承受作為政客的妻子在公眾舉止和職責方面的壓力。❷

　　婚神星在第五宮，代表關係可用於激發和支持屬於個人的創作力，而小孩亦是一種創造力的實現，因此，育兒通常是伴侶關係的主要重心；婚神星第五宮最重要的關係互動是與自己的孩子或戀人相處，或進行創意活動時。

　　婚神星在第六宮的人，希望能與伴侶以高效且有建設性的方式

建立關係，其關係的功能很大一部分是將日常生活的細節維持地井然有序；婚神星第六宮最重要的關係互動是與工作上的雇主和同事相處，或發生在與健康、服務相關的議題上。

星盤案例：英迪拉‧甘地（Indira Gandhi）的婚神星位於水瓶座第六宮，且與位在第十二宮的土星及海王星形成對分相，她與丈夫一同投身政治，並因他們所從事的社會運動而被英國殖民政府監禁。❷

　　婚神星在第七宮的人，非常重視婚姻、商業或其他親密合作關係的價值，因此，需要與他人合作並建立終身的關係，那是他們生命中很重要的一部分；婚神星第七宮最重要的關係互動發生在與他人一對一的相處中。

星盤案例：愛德華‧甘迺迪（Edward Kennedy）的婚神星位於巨蟹座第七宮且與穀神星形成對分相，他對婚姻和家庭有強烈的責任感，這樣的牽絆在一定程度上影響他一九八四年不參與總統競選的決定。❷

　　婚神星在第八宮的人，透過關係中情感的高峰體驗而成長，其伴侶經常會讓彼此經歷一連串改變與轉化的煎熬；婚神星第八宮最重要的關係互動與財務和財產有關，同時亦有信任、權力和性的議題。

星盤案例：專欄作家赫達‧霍珀（Hedda Hopper）的婚神星位於天秤

座第八宮，她撰文揭露了好萊塢明星的私生活、愛情故事及收入。❷

　　婚神星在第九宮的人，透過關係尋求意義和真理，關係中的雙方都必須尊重對方的思想，也因此，他們通常會與自己的老師「結婚」，或一生致力於追求願景；婚神星第九宮最重要的關係互動發生在思想、哲學理論或國際交流等領域。

星盤案例：女演員暨駐迦納大使秀蘭‧鄧波爾（Shirley Temple Black）的婚神星位於處女座第九宮，她辯才無礙，曾擔任美國駐聯合國代表團代表。❷

　　婚神星在第十宮的人，意味著此人會與自己的事業「結婚」，他們的關係會受到大眾的矚目，或成為人們仿效的榜樣（例如政治人物的妻子），甚或將其伴侶關係作為獲得社會地位的手段；婚神星第十宮最重要的關係互動發生在工作或職場上。

星盤案例：女演員及歌手茱蒂‧嘉蘭（Judy Garland）的婚神星位於白羊座第十宮，她可說是真正地嫁給了事業，十三歲就成為大明星，在接下來的二十七年裡拍攝了三十四部電影。❷

　　婚神星在第十一宮的人，需要從伴侶身上感受到友誼和接納，他們的「關係單位」必須能夠擴展到朋友群和團體組織，可以是家庭形式、社會、政治活動以及群婚（group marriage）；婚神星第十一

宮所具備的遠見，其維度可以徹底改革舊有的關係形式，而最重要的關係互動發生在朋友群與社交圈。

星盤案例：安吉拉・戴維斯（Angela Davis）的婚神星位於水瓶座第十一宮，她因活躍於許多激進團體的行動而聞名。❷

　　婚神星在第十二宮的人，在關係上有重要的業力課題，他們經常深陷一段帶有宿命感的伴侶關係中，表面上這段關係似乎讓人摸不著頭緒，但其實蘊藏著令他們難以抗拒的情感力量。顯現於外的關係形式只是冰山一角，其潛藏的因果可追溯到前世，也正是這些無意識的面向浮上檯面後，主導了這段關係的互動：有時，會以伴侶的殘疾或疾病表現出來，因而需要他們無私地奉獻作為補償；在其他情況下，伴侶還可能會扮演受害者的角色，所以他們必須學會放手，才能讓伴侶走自己的路；婚神星在第十二宮的人還可能會經歷伴侶的離開、拒絕或死亡。在靈性層面上，伴侶關係與無垠融合的慾望有關，因此，這個配置也代表著狂喜的結合，是一處可以分享神祕主義、夢想、理想和嚮往的幽境。

星盤案例：法國卡巴萊表演（cabaret）歌手愛迪・琵雅芙（Edith Piaf）的婚神星位於天蠍座第十二宮，她出生於祖母經營的妓院中，在個人關係中經歷了許多不幸，包含死亡和被遺棄。❷

婚神星與其他行星的相位

婚神星與太陽的相位

婚神星的連結與太陽的自我認同、生命目的結合，此組相位代表學習與他人和諧地互動會是重要的生命課題。

和諧相位代表能在關係中體察他人，且因這方面的天賦而發展出和諧與親密的伴侶關係；也由於他們認為關係是圓滿生活的基礎，因而會致力於完善關係並支持伴侶的個體性。

緊張相位指出個人的自我認同以及與他人連結的需求之間潛在衝突，可能導致無法表達自我，也可能成為維持一段關係的阻礙；在後者的情況下，對有意義之關係的渴望，會是他們一生的課題。為了建立和諧的關係，他們必須化解關係中的障礙，這些障礙包含嫉妒心、不信任感，或與伴侶之間的權力鬥爭。

婚神星與太陽有相位的人，經常被風雲人物的類型所吸引；如果過度投射個人喜好，則另一半可能會是自我中心、浮華不實，或是幼稚的。

克服這些挑戰的辦法，在於建立一種平等、誠實且相互支持的關係結構。

星盤案例：伊莉莎白・巴雷特・白朗寧（Elizabeth Barrett Browning）的婚神星位於處女座第十二宮，且與太陽雙魚座形成對分相，因身體屏弱，她一直保持單身，直到四十歲時才找到真愛，創作了「我是如何地愛你？且聽我娓娓道來，」等詩句。❷

格洛麗亞・斯泰納姆（Gloria Steinem）的婚神星位於摩羯座且與太陽白羊座形成緊張的四分相，當她被問及為何未婚時，她回答道：「我不在被俘虜的狀態下和人交配。」❷

變性人克莉絲汀・約根森（Christine Jorgensen）的婚神星位於雙魚座，與太陽雙子座形成四分相，這組配置可能是她渴望成為一名女性的部分原因。❸

保羅・賽門（Paul Simon）與亞特・葛芬柯（Art Garfunkle）在音樂上的合作關係，體現了他婚神星與太陽合相於天秤座。

婚神星與月亮的相位

婚神星的連結與月亮的情緒回應結合，此組相位代表個人情感需求的滿足，有賴於一段有意義的關係。

和諧相位意味著能覺察他人的情緒與同理他人，這些人有能力滋養、支持和理解他們的伴侶，因而特別適合從事需要感受並回應他

人情緒的輔導員和表演藝術工作者。

　　緊張相位指出在滿足自我與伴侶的情感需求之間可能潛在衝突，他們傾向將無意識的需求投射到伴侶身上，或成為伴侶自我慾望的反射；關係中任何一方的不安全感都可能導致佔有慾、嫉妒心或依賴，也可能以情緒爆發的方式，例如哭泣或發脾氣來操縱和控制伴侶。

　　婚神星與月亮有相位的人，經常被富有同情心且順從感覺（月亮型的人）的類型所吸引；如果過度投射個人喜好，則伴侶可能會展現出悶悶不樂、依賴或令人窒息的一面。

　　克服這些挑戰的辦法，是學習同時從內在及關係中找到情緒上的安全感和滿足感。

星盤案例：伊朗的索拉雅（Soraya of Iran）的婚神星位於獅子座且與月亮水瓶座形成對分相，因無法履行作為王后的生子義務，被伊朗沙王（Shah）解除婚約。❷ ⑤

漢斯‧克里斯汀‧安徒生（Hans Christian Andersen）的婚神星與月亮合相於金牛座，且與海王星天蠍座形成對分相，他的童話故事描寫了理想的愛情，但在現實中，他被愛所拒且孤獨終身。❸

作家希薇亞‧普拉斯（Sylvia Plath）的婚神星與月亮合相於天秤座第

七宮，這組配置象徵了她對各種有意義的人際關係的渴望與疏離，且導致了她的精神崩潰和自殺。❷

婚神星與水星的相位

婚神星的連結與水星的心智表達結合，此組相位強調了關係裡心智和言語交流的重要性。

和諧相位代表能向伴侶清楚地表達各種重要的想法、顧慮和感受，在日常溝通中，清晰明確的表達有助於分享彼此和增益親密關係；對於需要溝通能力的行業，例如老師、顧問、銷售人員等，這是一組絕佳的相位配置。

緊張相位指出與伴侶間潛在的溝通困難，可能導致頻繁的爭論、爭執和心機競賽，在與他人的日常互動中也會遇到溝通問題，在某些情況下，他們可能會使用言語來操縱和詆毀他人。

婚神星與水星有相位的人經常被富有精神性或知識份子（意即水星型的人）的類型所吸引；如果過度投射個人喜好，則伴侶可能表現出辯解、抽離或冷淡等行為。

克服這些挑戰的辦法，在於學習不帶批判地聆聽他人的觀點，再以清晰且中立的方式表達自己的回應，從而進行有意義的交流。

星盤案例：維多利亞・伍德哈爾（Victoria Woodhull）的婚神星位於射手座且與水星處女座形成四分相，她代表平等權利黨（Equal Rights Party）成為第一位競選美國總統的女性，她還與妹妹共同創辦了一家經紀公司，並出版了女權主義期刊。❶

前第一夫人愛蓮娜・羅斯福（Eleanor Roosevelt）的婚神星與水星合相於天秤座，她透過外交手腕和溝通技巧，在世界各地推動民權和其他各種自由權利。❸ ⑥

馬喬莉・維格博士（Dr. Marjorie Weinzweig）的婚神星與水星合相於水瓶座，她撰寫了一本名為《婦女解放的哲學方法》（*A Philosophical Approach to Women's Liberation*）的大學教科書。❷ ⑦

婚神星與金星的相位

婚神星的連結與金星愛與性的陰性本質結合，此組相位強調關係中的浪漫和美學的層面。

和諧相位代表能在關係中注入愛與審美觀，作為創造圓滿關係的一部分，他們能使自己變美且讓伴侶性致勃勃，也可以與伴侶從事藝術方面的創作。

緊張相位代表愛情與關係之間潛在衝突，當他們與戀人一起生

活時，可能會遇到一些困難，例如在性事和浪漫方面感到沮喪，或是試圖透過關係來證明自己的陰性氣質卻徒勞無益；其他問題還包括嫉妒、對性背叛的恐懼或關係間的競爭對抗。

婚神星與金星有相位的人，經常被具有藝術氣質和性感（金星型的人）的類型所吸引；如果過度投射個人喜好，則伴侶可能會表現過度遷就、自我放縱或膚淺（美色只是表相）等行為。

克服這些挑戰的辦法，是學會打從心底欣賞自己的美麗與自我價值，而不是依賴他人的評價。

星盤案例：林哥・史達（Ringo Starr）的婚神星與金星合相於下中天，描繪出他對婚姻的承諾。

克拉克・蓋博（Clark Gable）的婚神星位於白羊座且與金星摩羯座形成四分相，他的電影生涯將他塑造成浪漫偶像。❶

阿德里安娜・希特（Adrienne Hirt）的婚神星與金星合相於摩羯座第一宮，並與灶神星形成對分相，她是專業的性治療師和性代理人。❷

婚神星與火星的相位

婚神星的連結與火星行動和主張的陽性本質結合，此組相位強調關係中合作與競爭的挑戰。

和諧相位將能量、活力、生產力與關係連結起來，熱烈的激情和性技巧將有助於關係的圓滿，也可能因而湧起保護和捍衛自己親密伴侶的渴望。

緊張相位指出在自我主張以及與他人合作的渴望之間潛在衝突，從而導致伴侶關係中支配與征服的議題，並表現出憤怒、攻擊或事不關己的態度，在某些情況，他們會需要透過性行為的表現來證明自己的陽性氣質。

婚神星與火星有相位的人會吸引到任性、果斷和充滿活力（火星型的人）的類型；如果過度投射個人喜好，則伴侶可能表現出暴力、自我中心或虐待等行為。

克服這些挑戰的辦法，在於將火星的競爭性、自我中心導向的意志，與婚神星對合作與和諧的渴望結合。

星盤案例：健美運動員查爾斯・阿特拉斯（Charles Atlas）被譽為「全世界最健美的男人」，他的婚神星與火星合相於天秤座。❶ ⑧

蘇格蘭女王瑪麗一世（Mary Stuart, Queen of Scots）的婚神星與火星合相於水瓶座，在她的親密關係中，充斥著陰謀、心計和破壞性的暴力，她一生都與表姑伊莉莎白一世競爭英國王位。❸

婚神星與木星的相位

婚神星的連結與木星擴張／拓展的渴望結合，此組相位強調了由朱諾和朱庇特在神話中所象徵的理想夫妻。

和諧相位代表在關係中尋求真理與意義，並能在精神、情感、性和靈性層次沉浸於「心心相印」的渴望，他們也可以選擇與伴侶合作，發展出共同的哲學、教育或宗教的信仰體系。

緊張相位指出關係中理想與現實潛在的衝突，就像朱諾一樣，在親密的伴侶關係中經歷到挫折、怨恨和絕望後，亟欲糾正關係中的不平等與不公正；此相位也代表個人太過強調關係的重要性。

婚神星與木星有相位的人，會被具有哲學和冒險精神的類型所吸引；如果過度投射個人喜好，則伴侶可能是傲慢的、自以為是的和奢侈的。

克服這些挑戰的辦法，在於制定一套彼此都認同的道德規範和哲理，以使這段關係保持平衡與平等；為了使整個世界維持良好的運

作,這種平衡的狀態應擴展到全人類,意即男女之間的所有關係。

星盤案例:葛麗絲‧凱莉(Grace Kelly)的婚神星位於射手座,且與木星雙子座形成對分相,顯然地,她因與外國王子結婚而擴展了自己的生活型態。❷

　　以下這些星盤案例都有著堪比朱諾和朱庇特的顯赫婚姻:

伊莉莎白女王二世(Queen Elizabeth II)的婚神星與木星合相於水瓶座第一宮。❷

凱薩琳大帝(Catherine the Great)的婚神星位於摩羯座且與木星巨蟹座形成對分相。❷

伊朗的索拉雅(Soraya of Iran)的婚神星與木星合相於獅子座。❷

希特勒的情婦伊娃‧布朗(Eva Braun)的婚神星與木星合相於射手座。❷

前美國第一夫人帕特‧尼克森(Pat Nixon)的婚神星與木星合相於射手座。❷

美國總統喬治‧華盛頓(George Washington)的婚神星與木星合相於

天秤座。❸

美國總統湯瑪斯・傑佛遜（Thomas Jefferson）的婚神星位於雙魚座且
與木星處女座形成對分相。❸

美國總統亞伯拉罕・林肯（Abraham Lincoln）的婚神星與木星合相於
雙魚座。❶

婚神星與土星的相位

　　婚神星的連結與土星創造形式結構的渴望結合，此組相位代表
以堅實、明確及務實的態度面對關係。

　　和諧相位代表能維持忠誠、長久的承諾關係，並致力於為自己
和他人建立恆遠流長的價值結構；在商務合作關係、財務相關領域也
具備與他人合作的能力。

　　緊張相位意味著受限的信念系統、不安全感或對承諾的恐懼，
有礙於建立有意義的關係，也代表因社會壓力、責任感，或對物質安
全的渴望而維繫著伴侶關係，因而導致了壓抑、沮喪和依賴；在某些
情況下，對親暱感和親密關係的恐懼，可能會阻礙他們與伴侶建立長
久的關係。

　　婚神星與土星有相位的人，期望對方能夠帶來安全感和保障，他們被認真、年長、負責任，以及能像父母般照顧自己的類型所吸引，或者，他們也可能吸引那些期望他們擔任此種角色的對象；如果過度投射個人喜好，伴侶可能表現得專制又冷漠，或者把他們當作父母或小孩看待。

　　克服這些挑戰的辦法，是一步一腳印地建立一段穩固、且能支持雙方發展的關係，他們可能需要轉化伴侶關係中自我設限的信念系統，以消除過去的恐懼和不安。

星盤案例：埃米莉・狄更生（Emily Dickenson）的婚神星位於雙魚座下中天，且與位於處女座上中天的土星形成對分相，此組配置不僅描述了她對已婚傳教士的單戀，也因此導致了她的後半生都與專制的父親一起生活，這是她的土星議題所帶來的不幸。❷

喬治・桑（George Sand）的婚神星位於雙魚座第一宮，且與位於處女座第七宮的土星形成對分相，她拒絕忍受令人窒息的婚姻限制，因而離開了丈夫和兩個孩子，過著放蕩不羈的生活，並追求自己對寫作的熱情。❷ ⑨

婚神星與天王星的相位

　　婚神星的連結與天王星的個體性、直覺力結合，此組相位所展

現的潛力是將連結的渴望擴展至各種型態的關係，藉以革新傳統關係中的角色類型。

　　和諧相位象徵將新的願景與形式帶入關係中的角色與功能，使其能在互動過程中創造變化、增添興奮並促進個人自由；這類型的關係可能被認為是新穎的、不尋常的或激進的。

　　緊張相位代表個人對自由的需求，與關係內應盡的義務之間潛在衝突，被關係捆綁或被限制的恐懼會使他們無法穩定且可靠地遵守諾言，進而導致頻繁的分離；他們也對於被期待扮演「傳統的」關係角色感到不安，因而難以適應符合社會期待的關係模式。

　　婚神星與天王星有相位的人，會受到不依循傳統、有自己想法或叛逆的類型所吸引；如果過度投射個人喜好，則伴侶可能是不穩定的、不負責任的，又或者單單只是喜歡標新立異。

　　克服這些挑戰的辦法，在於將個人的個體性和獨立性融入一段承諾關係，當雙方都能理解並支持另一半對自由的需求，同時又能維繫對彼此的愛時，就能跳脫此困境。

星盤案例：瑪麗安‧亞力瑞沙（Marianne Alireza）是第一位嫁入阿拉伯後宮並撫養孩子的美國女性，她的丈夫無預警地與她離婚，但她後來取得了子女的監護權，這在穆斯林法律中是前所未聞的，她的婚神

星與天王星合相於雙魚座，與位在天蠍座的穀神星形成三分相，此組相位描述了她不平凡的際遇。❷

溫莎公爵（The Duke of Windor）的婚神星與天王星合相於天蠍座，他放棄了英國王位以便與他愛的女人——曾離過婚的華里絲・辛普森（Wallis Simpson）結婚。

婚神星與海王星的相位

婚神星的連結與海王星超然的渴望結合，此組相位象徵在關係中對精神層次的敏銳度和理想主義。

和諧相位代表在關係中與對方心有靈犀，且能同理及憐憫他人，他們可能會將崇高的理想投射到關係裡，渴望建立一種神祕的、精神上的結合，或將這種關係致力於社會事業；他們也可能在藝術的追求中與他人和諧地合作，或在關係裡注入幻想和想像力。

緊張相位指出個人對關係抱有的理想，與關係的真實樣貌之間潛在差異，當他們抱持不切實際的看法和期望時，便會帶來幻滅和失望；其他問題可能包括欺騙、不適當的自我犧牲或被傷害。

婚神星與海王星有相位的人，可能會在關係中吸引到神祕的、富含詩意的或帶有藝術氣息的類型；如果過度投射個人喜好，則伴侶

可能是容易受騙的、患慢性病的或愛說謊的。

　　克服這些挑戰的辦法，是學會從自己而非他人身上尋求精神層次的永恆。

星盤案例：史考特·費茲傑羅（F. Scott Fitzgerald）的伴侶賽爾妲（Zelda），無庸置疑是個海王星型的人，她的藝術想像力和不幸的精神分裂症讓她多次進出精神療養院。費茲傑羅的婚神星與海王星合相於風象的雙子座，並座落在代表浪漫和創造力的第五宮，描述了他如何深深地被妻子所吸引。❶

瑪西婭·摩爾（Marcia Moore）的婚神星位於處女座與海王星獅子座形成合相，她與麻醉師丈夫透過藥物的引導，共同體驗了意識的超然狀態；據傳言，這與她不明的死因有關。❷

婚神星與冥王星的相位

　　婚神星的連結與冥王星轉化的渴望結合，此組相位象徵個人與社會看待關係的心態以及角色的轉變。

　　和諧相位代表能夠透過關係體驗深層的個人轉化，關係中各種強烈的情感與性互動，在經過轉化後，可用於療癒、強化和恢復個人活力，也能對他人帶來強大的影響力，或利用關係的能量從事冥王星

式的活動，例如高峰體驗、研究、療癒等。

緊張相位指出個人權力和關係需求之間潛在衝突，他們可能會與伴侶發生暴力或難以避免的權力鬥爭，從而使伴侶握有主控權或進行破壞；雙方長久結下的樑子，即便在關係結束後，仍可能持續很長一段時間；其他問題可能還包括性困難、強烈的嫉妒心或難以割捨的依戀。

婚神星與冥王星有相位的人會被熱切的、祕密的、強大的或帶有神祕特質的類型所吸引；如果過度投射個人喜好，則伴侶可能是獨裁的、暴力的或具有毀滅性的。

克服這些挑戰的辦法，在於將個人的權力轉化為對彼此的信任和融合，同時學習寬恕自己和伴侶，便能為當下帶來最為迫切需要的療癒。

星盤案例：黛比・雷諾（Debbie Reynolds）的婚神星與冥王星合相於巨蟹座第十宮，她在婚姻中經歷了許多痛苦的轉變，例如第一任丈夫艾迪・費雪（Eddie Fisher）公開地為了另一個女人離開她，以及從第二任丈夫那裡繼承的巨額債務。❷

---

① 譯者註：原文為 Juno in Aries conjunct Saturn，經查證星盤，該案例之婚神星白羊座 26 度，土星金牛座 0 度，故補述「金牛座」。

② 譯者註：經查證星盤，作者以 15:15 起盤。
③ 譯者註：原文為 Juno conjunct Venus and Vesta in Cancer in the fifth house，
經查證星盤，作者誤植「第五宮」，且該案例之婚神星獅子座 0 度，灶神星巨
蟹座 29 度，金星巨蟹座 27 度，故補述「獅子座」。
④ 譯者註：經查證星盤，作者採用 February 6, 1928 起盤。
⑤ 譯者註：原文為 a tenth-house Juno in Leo opposing the Moon in Aquarius，經
查證星盤，作者誤植「第十宮」。
⑥ 譯者註：原文為 Juno-Mercury conjunction in Libra in the tenth house，經查證
星盤，作者誤植「第十宮」。
⑦ 譯者註：原文為 Juno conjunct Mercury in Aquarius in the twelfth house，經查
證星盤，作者誤植「第十二宮」。
⑧ 譯者註：經查證星盤，作者以 1893 年起盤。
⑨ 譯者註：經查證星盤，作者以 22:25 起盤。

第十二章

次小行星概述

★

小行星作為八度音程轉換的調頻者

根據音樂理論的定義，八度是由兩個音名相同但音高不同的音符所組成。如果一個特定的音符有其每秒的振動頻率，那麼它高八度（例如，「高音 C」〔high C〕）的振動頻率恰好是其兩倍；低八度則是其二分之一。

占星學即是天體樂音的系統性研究，同樣自有一套八度音階的原理，相應成對的行星有水星—天王星、金星—海王星和火星—冥王星，同組行星的能量模式相似，但表達層次不同。低八度的行星（lower octave planets）——水星、金星和火星——主掌個人成長和自我意識的力量；高八度的行星（higher octave planets）——天王星、海王星和冥王星——代表更快速而精微的調頻振動，象徵影響全人類的宇宙能量，其意義在於加速太陽系的演化過程。

小行星主要分佈於火星和木星之間，為高八度和低八度的行星居中建立了連繫。

圖 12-1

　　小行星象徵著這兩種能量系統之間的轉化，意指低八度行星的頻率如何提升至與它們相應的高八度行星頻率。

　　在此歷史的當口——占星學開始使用小行星的時刻，正清楚地描述了有越來越多人對於行星意識與一體性的相關主題做出了集體的回應。

　　在以下的頁面中，我們將「次小行星」（the minor asteroids）視為一系列的二極角色，藉此瞭解其各自功能。如下表所示，每組成對的小行星都包含一顆陽性天體和一顆陰性天體，分別代表了二極法則中一方的端點。

　　接下來讓我們更詳細地探討這些轉化的媒介。

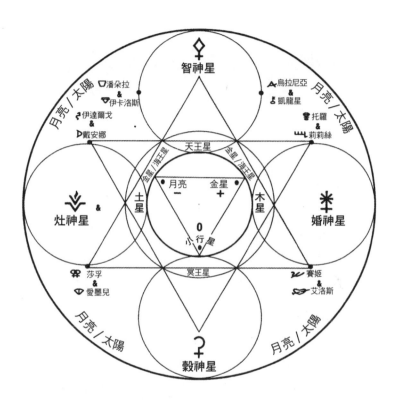

圖 12-2

表 12.1

低八度行星	扮演轉化媒介的小行星	高八度行星	法則
水星	伊卡洛斯、潘朵拉、烏拉尼亞	天王星	智慧
金星	賽姬、莎孚、愛墨兒	海王星	愛
火星	艾洛斯、莉莉絲、托羅	冥王星	力量
火星	戴安娜、伊達爾戈	木星	保護
土星	凱龍星	外行星	知識

表 12.2

成對的小行星	極性本質
賽姬—艾洛斯	戀人
莉莉絲—托羅	戰士
莎孚—愛墨兒	共感者
潘朵拉—伊卡洛斯	解放者
戴安娜—伊達爾戈	保護者
烏拉尼亞—凱龍星	智者

表 12.3

占星符號	小行星	關鍵詞語
	賽姬	感知他人心理的能力
	艾洛斯	激起活力與熱情的能力
	莉莉絲	建設性地釋放被壓抑的憤怒與解決衝突的能力
	托羅	運用及控制力量的能力
	莎孚	對於浪漫與藝術感性的能力
	愛墨兒	精神性或柏拉圖式的愛與同情
	潘朵拉	能夠帶來改變的好奇能力
	伊卡洛斯	解放與冒險的能力
	戴安娜	生存與自我保護的能力
	伊達爾戈	為了捍衛原則而堅定自我主張的能力
	烏拉尼亞	獲得啟發性知識的能力
	凱龍星	全面性理解的能力

戀人：賽姬與艾洛斯

賽姬

　　小行星賽姬（Psyche）代表為了與另一個人連結而調適心態的本質。賽姬通常被描繪為蛻變的蝴蝶少女，出生時是一個美麗的凡人，在尋求與情人艾洛斯（Eros）團圓的過程中，她如英雄般達成了憤怒的阿芙蘿黛蒂為她設下的重重任務，並透過每一次任務的執行，活絡了內在心靈感應的渠道。賽姬這一段從凡俗到神性的靈魂旅程，成功地將她的塵世本質轉化為神格，以便成為性愛之神艾洛斯的神聖新娘。他們的結合誕下了名為幸福（Bliss）、愉悅（Pleasure）和狂喜（Ecstasy）的孩子們，兩人的愛象徵著靈魂伴侶的結合。

　　在完善莉莉絲和朱諾所代表的關係進程中，賽姬代表的是女性成為配偶的最終階段。在占星學中，賽姬是金星的高八度，表達出完善個人的愛並與另一半同調；當遵循賽姬的道路，帶著覺察進入一段關係時，便能邁向靈性的光明之途。

　　在星盤分析中，顯著的賽姬代表能夠敏感地體察他人的心境和感受（她的占星符號是希臘字母 psi），這種被強化的意識覺察會引起與神祕靈魂伴侶結合的渴望。

　　星盤中賽姬的緊張相位可能代表對他人完全缺乏敏感度、心靈

的感知受阻，或無法進入個人關係。由於賽姬型的人需要的是直觀且深入的溝通交流，因此可能經常拒絕進入膚淺或短期的關係，這導致他們可能有許多仰慕者，但實際上仍維持獨身。

當根據四元素進行星盤分析時：賽姬位在風象星座代表心電感應；位在水象星座暗示著同理心；位在火象星座代表有能力控制和引導能量場；位在土象星座則指向具體的成就展現。

賽姬與其他行星的相位會為該行星的象徵意義帶來更高的意識連結，例如：賽姬與天王星的相位意味著預知；賽姬與凱龍星的相位暗示了心靈療癒；賽姬與穀神星的相位反映出與兒童或植物的溝通技巧。

在比較盤中，賽姬的相位描述兩人之間擁有（或完全缺乏）直覺性的理解和體諒；而賽姬與艾洛斯的相位代表了靈魂伴侶結合的可能性。

艾洛斯

性愛之神艾洛斯（Eros）代表熱烈的情慾。在神話中，艾洛斯是原始的陽具之神，他從太初的混沌（虛空）中誕生，體現了生成及創造世界的陽性力量，在後來的奧林匹亞萬神殿中成為火星馬爾斯（Mars）和金星維納斯之子。

在占星學中，艾洛斯是火星的高八度，他透過與賽姬的戀愛關係提煉出自己無意識及本能的性驅力，並轉化為能夠通往靈性光明之途的性愛。在古希臘時期，艾洛斯成為同性之愛的守護者，也代表一種性偏好的指標。除了性之外，艾洛斯的激情可以是任何能夠令你「性奮」、帶來刺激或慾火中燒的體驗；艾洛斯也是能夠激發人們追求慾望和願景的強大情感力量。

在星盤分析中，艾洛斯是個人的激情、性吸引力、性偏好和活力的指標，而艾洛斯型的人，其特色是需要不斷地重拾墜入情網、如沐愛河的興奮感，因此流運艾洛斯也象徵著發生性行為的契機。

星盤中艾洛斯的緊張相位，可能代表性能力或性行為潛在的困難、受挫的激情、枯竭的生命力，或對愛情的強迫症——除非這股激情能被正向地引導至他處。艾洛斯與其他行星的相位代表該行星所主掌的事項將引燃熱情，例如艾洛斯與穀神星的相位代表對食物的熱愛；艾洛斯與烏拉尼亞的相位是鍾情於占星學和音樂；艾洛斯與土星的相位則是對工作感到興奮等。

在比較盤中，艾洛斯的相位象徵性事的契合度和彼此間的激情互動。

戰士：莉莉絲與托羅

莉莉絲

　　莉莉絲（Lilith）被描繪為能夠馴服野獸的黑夜女神，她代表著壓抑的憤怒和解決衝突的方式。莉莉絲一開始是蘇美的偉大女神伊南娜（Inanna）的侍女，負責將男人從田野間帶往位於烏魯克（Erech）的聖殿進行神聖的性儀式。在希伯來的傳統中，莉莉絲作為亞當的第一任妻子，描述出女性作為配偶的第一個階段，但在這次際遇中，莉莉絲與希望統治她的亞當起了衝突，儘管莉莉絲認為「我們是平等的，因為我們都來自同一片土地」，但最終她離開了亞當，與其委身於統治和屈服，她選擇流放與孤獨。作為拒絕丈夫的懲罰，莉莉絲被視為是女性邪惡的化身——會威脅孕婦、殺死孩子、引誘並摧毀男人的闇黑惡魔；她的形象體現了男人對自身性慾和性能力的最大恐懼。

　　在占星學中，莉莉絲與托羅的連結成為火星和冥王星之間八度音程的中介，並指出個人的性權力和抑制憤怒的議題。莉莉絲代表了許多人際關係的互動方式，從完全退縮到爭吵和性操縱，再到熟練的談判與妥協的技巧。莉莉絲怨恨的緣由來自於被拒絕，她隱忍著極大的怒氣，這些壓抑的怒火一旦被點燃，就可能引出爆發性的性宰制和暴力；而莉莉絲的積極面是教導我們可以將這股火星—冥王星轉化之力的精髓用於獲得共識，而非破壞關係。

在星盤分析中,顯著的莉莉絲展現出獨立的特質,拒絕屈從他人和損害自我信念,以及潛在的解決辦法,而莉莉絲的緊張相位代表對於女性被視為邪惡蕩婦的感知、潛在的強暴和性虐待(尤其是與托羅或土星形成相位),或者在解決權力議題之前無法達成共識時的狀態。

莉莉絲與其他行星的相位描述了該行星如何處理衝突的議題,例如:莉莉絲與穀神星的相位致力於解決家庭事務中的衝突;莉莉絲與木星的相位可能涉及宗教信仰;莉莉絲與金星的相位則著重愛情和性愛等。

在比較盤中,莉莉絲的相位代表個人學習談判的需求,以及與性恐懼、排斥、憤怒和懷疑有關的潛在問題。

托羅

托羅(Toro)是西班牙語中的「公牛」之意,代表無窮的力氣和力量。從石器時代到現代,公牛一直留給人們深刻的印象,是權力和生育力的最高體現。舊石器時代早期的洞窟壁畫即描繪了人類對於源自公牛特殊魔法的信仰,從蘇美人(Sumerians)、赫梯人(Hitties)、迦南人(Cannanites)、希伯來人(Hebrews)到今日的印度,都有著對公牛的崇拜信仰。克里特人(Creteans)盛大的「跳躍牛背體操運動」(the bull-leaping),酒神狄俄尼索斯(Dionysus)和密特拉

教團（Mithras）的密教儀式，都是意在提取「嗎哪」（manna），或
公牛肥沃的生殖力精華，以造福人類。①

　　在占星學中，托羅象徵火星和冥王星之間八度音程的中介，將
火星原始本能的慾望轉化為冥王星的專注、洞察力和控制力；托羅也
描述出我們如何面對和處理來自外在或內在的暴力，或負面影響的衝
擊。

　　無意識地展現托羅的能量會帶來蠻力或殘酷的侵略，而當這股
力量被壓制或被投射時，個人則可能成為遭到外界攻擊或襲擊的無辜
受害者。托羅更純熟的技藝應用包含精通化解攻勢、借勁使力而反制
的武術，實行非暴力的抗爭，以及將可能造成傷害的力量轉化為保護
的力量；知曉如何化敵為友，更是一種強大的力量！尤其是與「內在
敵人」達成和解。因此，托羅祕藏的教導是馴服我們每個人內在的公
牛之力，並將其引導至具有建設性的目標。

　　在星盤分析中，顯著的托羅代表其一生的主題在於正確地引導
自己的內在力量，若引導得當，托羅型的人便能展現出能力、力量和
非凡的活力；托羅的緊張相位代表可能出現暴力或破壞性的爆發——
直到能永久駕馭這股內在力量；如果向外投射這股力量，個人則可能
經驗恐懼、偏執和犧牲。

　　托羅與其他行星的相位會增強該行星主題的能力與能量，例如：

托羅與水星的相位代表強而有力的溝通；托羅與月亮的相位代表情緒的力量；托羅與海王星的相位則代表精神性的力量等。

在比較盤中，托羅的相位描述了可能發生權力鬥爭和衝突的領域。

共感者：莎孚與愛墨兒

莎孚

希臘詩人莎孚（Sappho）代表了對浪漫和藝術具備敏銳的覺察。西元前六世紀，她居住於萊斯博斯島（the island of Lesbos），她創作愛情詩和抒情詩，同時也主持了一所年輕女子的藝術學院。現今證據顯示：莎孚的學校其實是一座供奉阿芙蘿黛蒂的祕密神廟，被壓抑一千五百年之久，其古代女神信仰的性教義曾在此獲得短暫的復甦。

莎孚的愛情詩帶有親密感，喚起個人的渴望、孤寂、嫉妒和狂喜的感覺。她於詩中談及了各式各樣的愛：單身和多角戀之愛、夫妻和非配偶關係之愛、異性戀和女同性戀之愛，以及母性之愛，她所看見的是人與人之間的共感和吸引力，可以說是含括了人類所有的愛情形式。[2] 莎孚也被稱為第十位繆斯女神，她細膩而巧妙地探究了深陷愛情中的痛苦和狂喜，她寫道：「又來了，使我四肢無力，又苦又

甜，無法抗拒的──愛情，這陰險的東西如蛇般纏繞著我，我恍若風中之樹。」③

在占星學中，莎孚作為金星和海王星之間八度音程的中介，她增進金星的振頻，並提升個人對性相關之情緒的敏感度。莎孚體認到全人類都有「去愛」的需求，她教導人們同時去愛男人和女人的必要，且無論何種形式的愛都要崇敬它療癒的力量（此種教導引發了她可能是女同性戀者的爭議）。

在星盤分析中，莎孚是感官和性慾、戀愛中的極端情緒、寫詩作賦的才能，以及女性之藝術教育的代表因子，因此，莎孚型的人具有高度的美學修養和對浪漫事物的敏感度。莎孚雖然可以作為性傾向的指標，但她更普遍地代表一種對於同性的敏感度和連結；可能帶來性行為的發生，但也並非都是如此。

莎孚的緊張相位指出當個人在學習平衡天性與他人的親密需求時，對於理解他人或表達愛與性有潛在的困難。

在比較盤中，莎孚的相位描述出對彼此性／感官的吸引力或不合之處。

愛墨兒

　　羅馬愛神愛墨兒（Amor）代表同情和慈愛的本質，經常與調皮、愛惡作劇的丘比特（Cupid）和性愛激情之神艾洛斯（Eros）混淆；愛墨兒表述了愛的品質——一種愛的狀態，這與「墜入情網」是截然不同的。

　　在占星學中，愛墨兒與莎孚一樣，都是金星的小我之愛進展到海王星的大我之愛之間的中介。愛墨兒表現出一種不帶批判也不求回報的慈愛，他教導我們發揚愛己與愛人，讓負面與消極隨風而逝，並為他人的好運欣喜。因而，愛墨兒入旺於雙魚座，他的愛、純正的動機、同情心和無私的服務，在雙魚座得到了終極的實現與滿足。

　　在星盤分析中，顯著的愛墨兒代表善心善意且渴望無私奉獻的人格特質；緊張相位則代表難以表達個人的同情心、同理心，或是難以將同情心與其他的心理需求整合起來。愛墨兒與其他行星的相位會在該行星主掌的領域展現出恆久的愛與關注，例如：愛墨兒與木星的相位代表著迷於學習；愛墨兒與金星的相位展現出對美的熱愛；愛墨兒與托羅的相位可能是開明的戰士等。

　　在比較盤中，愛墨兒的相位代表存在於彼此之間深厚的愛與關懷；而愛墨兒與艾洛斯的相位，通常象徵對彼此肉體的渴望，蛻變成

柏拉圖式的愛情和友誼。

解放者：潘朵拉與伊卡洛斯

潘朵拉

　　潘朵拉（Pandora）是所有凡人女子的祖先，她打開了禁忌之盒，代表帶來變化的好奇心。潘朵拉早期被稱為給予者安妮斯朵拉（the all-giving Anesidora），她生於大地，為人類和動物帶來食物的贈禮。在後來的奧林匹亞神話中，天神以泥土和著水捏塑出潘朵拉──第一個被創造出來的女人；根據海希奧德的詩作，宙斯不懷好意地將她贈予人類，以懲罰人類使用了普羅米修斯（Prometheus）的禮物──火種；潘朵拉打開被稱為禁忌之盒的廣口陶罐後，在世上放出了無數的悲傷、痛苦和瘟疫，但在希望（Hope）逃脫之前闔上了罐蓋，此舉讓潘朵拉像聖經裡的夏娃一樣，被視為是邪惡女性的化身。

　　在占星學中，潘朵拉是水星與天王星之間八度音程的中介，她的好奇心是帶來改變的媒介，也帶進意想不到的事物並開拓了新的可能性。由於潘朵拉是從大地而生，能讓先前隱而未顯的事物重見光明，因此可能象徵了深層清潔、淨化和療癒的過程。潘多拉是雙子座和天蠍座的綜合體，她出乎意料的舉止，將水星的理性和智識提升到天王星具有直覺性和革命性的振頻。

　　在星盤分析中，顯著的潘朵拉代表喜愛創新、意外的發現和爭議，所以潘朵拉型的人帶有好奇、躁動和叛逆的天性本質；潘朵拉的緊張相位描繪出一個好管閒事的搗亂者，或反而是抗拒改變的人（「不要沒事惹麻煩」），又或是掩飾任何不快之事的人——但個人可以透過鼓勵創新來整合星盤中潘朵拉的衝突相位。

　　潘朵拉與其他行星的相位會為該行星主掌的領域帶來好奇心和改變，例如：筆者的潘朵拉與主掌占星學的烏拉尼亞合相，因此她對小行星的研究擾動了占星學中既有的思維模式，釋出一系列需納入考量的新原型。

　　在比較盤中，潘朵拉的相位象徵著我們鼓舞他人嘗試不同領域，並讓他們從中經歷各種的變化。

伊卡洛斯

> 我的伊卡洛斯！他說著，我為你的飛行帶來忠告。
> 沿著軌道的中間飛，不高於也不低於它，
> 如果飛太低，你的羽毛可能會被海浪濺濕而沉重，
> 如果飛太高，太陽會射入他炙熱的光芒。④
>
> 奧維德（艾爾頓〔Elton〕譯本）

伊卡洛斯（Icarus）——裝上翅膀卻飛得太靠近太陽的年輕人——

代表著解放和冒險。他與父親——發明家達達羅斯（Daedalus）一起被囚禁於克里特島的牛頭怪米諾陶洛斯迷宮中，但伊卡洛斯將各種鳥的羽毛製成翅膀飛離該島；儘管一開始他害怕飛進未知的世界，但終於還是克服了恐懼，振翅高飛；翱翔於天際的伊卡洛斯轉而對飛行所帶來的自由感到興奮，於是忘了父親的告誡：要沿著中間的航道飛行。當他飛近太陽時，黏合羽毛的蠟遇熱融化了，伊卡洛斯便墜入了當今的伊卡利亞海（Icarian Sea）。

在占星學中，伊卡洛斯與潘朵拉同為水星和天王星之間八度音程的中介，由於伊卡洛斯比水星更臨近太陽，因此他代表了最直接，但也最危險的解放之道。他的教導是航向自由時仍必須保持自律與專注，以免於過度偏離航道而墜毀。伊卡洛斯揚起雙翼的象徵符號，是許多重機愛好者（例如本田和哈雷・戴森）的徽章，代表著車手在高速行駛、感受自由快感的同時，也需要專注力和高超的駕駛技術才能避免災禍。在冥想中，另有一種解放技巧也同樣採行了心智自律的方法。

在現實層面，伊卡洛斯象徵有機會擺脫僵局或限制，奔向自由；在心理層面，伊卡洛斯展示個人從社會條件與制約中獲得自由；在精神層面，伊卡洛斯描繪了從輪迴（亦即對現實世界的依戀）中解脫的心境。

在星盤分析中，伊卡洛斯代表熱愛自由、冒險（尤其是從事飛

行、重機、賽車和滑雪等相關運動）和冥想，因此，伊卡洛斯型的人反叛任何形式的監禁，不斷嘗試超越自己的極限，並利用程度不一的各類技能和大大小小的成功爭取自由；而伊卡洛斯的緊張相位代表魯莽、極端主義、好高騖遠，以及對搭乘飛行工具或未知事物的恐懼——直到將內在對冒險的需求與其他的需求融合。

伊卡洛斯與其他行星的相位會為該行星主管的事項帶入對自由的渴望，例如：伊卡洛斯與水星的相位渴望言論自由；伊卡洛斯與火星／金星的相位渴望性自由；伊卡洛斯與木星的相位渴望宗教自由等。

在比較盤中，伊卡洛斯的相位表現出我們傾向支持或壓抑他人的個體性。

保護者：戴安娜與伊達爾戈

戴安娜

戴安娜（Diana）是主掌自然原野的女神，代表生存和自我保護。她被希臘人稱為阿緹密斯（Artemis），有多重化身：作為新月的處女神，她領著一群敵視男人的貞潔仙女，漫遊於杳無人煙的森林和山嶺間；身為原野之女，她保護所有動物和人類的年輕生命；亞馬遜女戰士們崇拜她驍勇善戰的天性；在以弗所（Ephesus）的阿緹

密斯有許多乳房,成為生育和分娩的象徵;而在後來的奧林匹亞神話中,阿緹密斯轉變為狩獵女神,她背著弓和箭袋,是太陽神阿波羅的雙胞胎姊姊。

在占星學中,戴安娜代表女性的第一階段——處女,描述了尚未破處的少女時期,因而,她守護著年輕女子的貞操,並引導她們安全地進入青春期。戴安娜象徵年輕女性的活力、力量和理想;增光的蛾眉月與此階段的發展相對應。

戴安娜也意味著經由本能對大自然及其規律的理解而獲得的智慧。她居於荒僻深遠的郊野,大部分時間都在孤獨中度過,而正是置身於幽隱之處,從睿智老婦——黯月黑卡蒂——的豆莢之中,降生了含苞待放的少女。

在星盤分析中,顯著的戴安娜意味著順應自然法則而非人為法律的調節,且出於本能地保護需要幫助的人,因此,戴安娜型的人帶有注重隱私、認同自我、堅強獨立以及重視個人生存的特質;戴安娜的緊張相位可能代表對永保青春的渴望或對親密和被親近的恐懼。

戴安娜與其他行星的相位會帶入對該行星相關事項的關注與守護,例如:戴安娜與穀神星的相位是保護兒童;戴安娜與艾洛斯的相位是保護性交;戴安娜與海王星的相位則是守護信仰等。

在比較盤中，戴安娜的相位指向姊妹淘的情誼或手足關係。

伊達爾戈

伊達爾戈（Hidalgo）──一名墨西哥教士與革命家──代表了自我主張以及為自己的信仰而戰。墨西哥獨立之父米格爾‧伊達爾戈‧伊‧科斯蒂利亞（Miguel Hidalgo y Costilla）於一七五三年出生在西班牙上流社會，作為一名天主教教士，他致力改善印地安（Indian）教區居民貧困的經濟狀況，並加入了一個地下革命團體，其目的是要解放被西班牙殖民政府壓迫的印地安人。為了實現目標，他率領一支由數千名墨西哥原住民組成的軍隊，對西班牙發動起義。經過數場的英勇戰役，伊達爾戈被俘虜、受審、開除教籍，並於一八一一年七月三十一日以叛徒身分遭到槍決。在此之後，他作為英雄、烈士和聖人的名聲不脛而走，今日的墨西哥獨立紀念日（九月十六日）即是為了慶祝伊達爾戈宣告他的國家將重獲自由的那一天。

在占星學中，伊達爾戈與戴安娜同為火星和木星之間的中介，他象徵勇氣並按照自己的信念（木星）付諸行動（火星），以政治參與、抗議和激進的運動等形式挑戰當前宗教及政府的權威。由於伊達爾戈致力於打擊不公，因而被認為是弱者和被壓迫者的「保護者」。拉丁美洲的解放神學政治即是表達伊達爾戈式議題的一種方式。

在星盤分析中，顯著的伊達爾戈可能代表政治性的介入，鍾情

於西班牙語系國家（特別是拉丁美洲），或亟欲保護並為少數族群挺
身而出，因此，伊達爾戈型的人帶有自信、粗獷、固執或叛逆等特
質；其緊張相位可能代表與當權者的衝突，魯莽、狂熱地堅持自己的
願景，對抗以及被監禁的可能。

伊達爾戈與其他行星的相位顯示了該行星主掌的領域會是其亟
欲保護的主題，例如：伊達爾戈與穀神星的相位可能致力於保護受虐
兒童；伊達爾戈與金星的相位意味著守護所愛的人；伊達爾戈與水星
的相位將捍衛自己的想法。

在比較盤中，伊達爾戈的相位描述了人與人之間可能產生保護
慾或主控權的領域。

智者：烏拉尼亞與凱龍星

烏拉尼亞

烏拉尼亞（Urania）被稱為「天空的聖者」（Heavenly One），
代表啟發性的知識。在神話中，烏拉尼亞是九位繆斯女神（muse）
之一（我們從 muse 衍生出「博物館 museum」一詞），她們的任務
是作為各自主掌之知識領域的神聖靈感來源。烏拉尼亞主掌的領域有
占星學、天文學、音樂和數字，她也與天體樂音（the Harmony of
the Spheres）有關，並生下偉大的音樂家萊納斯（Linus）——旋律

和節奏的發明者。烏拉尼亞的象徵物是天球和指南針（ ✦ ）——她用來測量天空的工具。

　　伊西斯——烏拉尼亞是塔羅的星星牌所描繪的女人，她象徵透過冥想獲得的真理，並將智慧和洞見帶入自己的創作中。在占星學中，烏拉尼亞代表宇宙的知識，她是一位深入思索的思想家，從自己的靈感中發掘被埋沒的精神寶藏。在尋找天體真理的過程中，烏拉尼亞運用她的機智同時探索著微觀和宏觀的世界。

　　在星盤分析中，顯著的烏拉尼亞代表對以下領域的興趣：占星學、天文學、音樂（偏向樂理和作曲方面多於表演）、純粹科學（pure science）、數學、測量或命理；烏拉尼亞型的人亦帶有內省、沉思和認真的特質；其緊張相位可能指向學習上的困難以及難以獲得直覺和洞察力。

　　烏拉尼亞與其他行星的相位表示將啟發性的理解融入該行星的主掌領域，例如：烏拉尼亞與金星的相位代表帶來啟發的愛；烏拉尼亞與海王星的相位暗示受到音樂、詩歌或奉獻精神的啟發；烏拉尼亞與天王星的相位代表被啟發的天才和革命思想。

　　在比較盤中，烏拉尼亞的相位象徵人與人之間能夠分享共同的靈感來源，尤其是音樂、占星學或任何抽象的符號系統。

凱龍星

凱龍星（Chiron）是由天文學家查爾斯・科瓦爾（Charles Kowal）於一九七七年發現，它不是小行星，而是一顆運行於土星和天王星軌道之間的類行星（planetoid，類似於行星的天體），天文學家認為凱龍星生成於太陽系之外，並最終將離開太陽系。同樣地，神話中的凱龍也來自他方，並在講學完成後就離開了人類的國度；因此，凱龍星是我們的太陽系與星系之間的橋梁，它介於已知（土星）和未知（天王星）之間。

半人馬小行星（the Centaur）的凱龍星代表全面通透的理解，其四十九年的軌道周期象徵著更高智慧的數字（7×7），也是埃及和西藏的「亡靈書」（Books of the Dead）中記載逝者停留於中陰界（Bardo）的天數。半人半馬的凱龍從原初的自然界來到人類的領土後養育了許多希臘英雄，他的學生包括阿基里斯（Achilles）、傑森（Jason），以及向他習得藥草知識和外科手術的治療之神阿斯克勒庇俄斯（Asclepius）。

有一天，凱龍在一場戰鬥中被毒箭射入膝蓋，受了傷，然而，縱使他知曉所有的治療知識也無法治癒自己，因此，凱龍為了減輕痛苦而放棄不死之身，隨後，宙斯為了紀念他對人類國度的奉獻，將他化為射手座。

在占星學中，凱龍星是一位傳遞更高等知識的智者，他可以是

關於外在世界知識的老師（土星）或內在精神的嚮導（天王星），
「受傷的醫者」原型，體現出凱龍星，強調深入尋找治療方法或答案
之後與他人分享的重要性；在他主要傳授的兩門學科——教育和醫學
中，他將身體與心靈，本能和智識結合在一起，他的古老教義隨著整
體健康和全人教育的到來而逐漸為世人所知。

在星盤分析中，顯著的凱龍星代表具備潛能成為挑戰既定狹隘
觀點的教育家或療癒者；凱龍星型的人還帶有務實且明智的特質；其
緊張相位可能指出有限的理解能力、依賴權威或教條、自我懷疑或心
神不定。

凱龍星與其他行星的相位代表將直覺式的、更高等的知識帶入
該行星主掌的領域，例如：凱龍星與木星的相位代表開明的精神導師
或政治上的統治者；凱龍星與火星的相位代表內科醫生或外科醫生；
凱龍星與婚神星的相位代表靈性導師或伴侶。

在比較盤中，凱龍星的相位暗示人與人之間具有療癒或教育性
質的交流。

總結

截至目前為止，你已經知道「次小行星」絕非次要或微不足道，

它們對占星學的象徵意義與價值等同穀神星、智神星、灶神星和婚神星，只有透過未來對次小行星的學習與研究，它們的原型才能在星盤詮釋中得到應有的位置。

---

① 譯者註：「嗎哪」」（manna）出自聖經《出埃及記》中，上帝賜給以色列人在曠野生活四十年的糧食。
② Maurice Hill, The Poems of Sappho (New York: Philosophical Library, 1954), 37.
③ Paul Frederick, The Meaning of Aphrodite (Chicago: University of Chicago Press, 1978), 128.
④ H. A. Guerber, Myths of Greece and Rome (New York: American Book Company, 1893), 255.

第十三章

小行星的天文圖像

★

　　數以千計圍繞著太陽公轉的微型天體被稱為「小行星」（the asteroid），它們大部分位於火星和木星的軌道之間，其大小與形狀各異，成分及運行軌道也各不相同，據信它們蘊含著關於太陽系形成和演化的線索。小行星的數量高達十萬多顆，但其質量總和卻比我們的月球還小；正因它們非常的微小，即使用高解析度的望遠鏡也很難看見它們的行星盤，而在缺乏明顯可見的行星盤之下，便以「小行星」稱呼它們，其字義為「像星星一樣」。

　　在接下來的頁面，我們將概述自一八〇一年發現這些神祕的流浪天體以來所累積的天文數據。

小行星的發現

　　早在一五九六年，天文學家約翰內斯‧開普勒（Johannes Kepler）就寫道：「在火星和木星之間，我放置了一顆行星。」一個半世紀之後，威登堡的提丟斯（Titius of Wittenburg）發表了一個關於行星距離的經驗法則，並提出六顆已知行星與太陽的幾何間距，但此數列唯獨在火星和木星之間發生了一個空缺，其範圍之大足以存在一顆「失蹤的行星」。一七七二年，研究提丟斯數列的當代學者約翰‧波德（Johann Bode）公佈了此一規律，因此它被稱為「波德定

律」（Bode's Law）。①

　　大多數的天文學家都認為波德定律只是憑空臆測而不予理會，直到一七八一年威廉‧赫雪爾（William Herschel）在土星軌道的外圍，即波德定律原先所預測的位置，發現一顆新的行星。受天王星被發現一事的啟發，天文學家巴倫‧馮‧扎克（Baron von Zach）和他創立的「天體警察」（celestial police）為了找到這顆位於火星和木星之間的「失蹤的行星」，組織了一場搜索行動，但遲遲未果，直到一八〇一年的元旦，義大利神父暨天文學家朱塞普‧皮亞齊（Guiseppe Piazzi）正試圖糾正星表（star catalog）中的一項錯誤時，在金牛座發現了一顆新的天體，不偏不倚地座落在火星和木星之間，那正是波德定律所推算的精準位置。皮亞齊將這顆發現的行星，以祖國西西里島守護神之名，命名為「希瑞斯」（Ceres ／中譯：穀神星）。

　　在對這顆行星進行六週的觀測後，皮亞齊病倒了，待他能夠回到望遠鏡前時，穀神星早已消失在璀燦的夜空中。此時，才華橫溢的數學天才卡爾‧弗里德里希‧高斯（Karl Frederich Gauss）發明了一種經過簡化且只需少許觀測數據就能用於計算行星軌道的方程式 ②，到了一八〇一年十二月三十一日，他計算出一條能使天文學家永久定位穀神星的軌道。

　　與其他行星相比，穀神星的質量特別小且具有異常傾斜的橢圓

軌道，因此，人們對於它是否為一顆真正的行星起了疑竇。幾個月後，德國天文學家威廉·歐伯斯（Wilhelm Olbers）在一八○二年三月二十八日發現了第二顆小行星，將它命名為「帕拉斯」（Pallas ／中譯：智神星），並推測智神星和穀神星都屬於同一顆已爆炸行星的殘骸，他甚至預測在這不規則的軌道上還會發現更多這顆行星的殘餘碎片。 又經過了十八個月，即一八○四年九月一日，卡爾·哈丁（Karl Harding）在白羊座發現了「朱諾」（Juno ／中譯：婚神星），證實了歐伯斯的預言。最後在一八○七年三月二十九日，歐伯斯在處女座找到了第四顆小行星，並將其命名為「維斯塔」（Vesta ／中譯：灶神星）。

正如波德定律的推測，這些新「行星」的四條軌道都距離太陽約 2.8AU（天文單位）。隨著十九世紀的開展，小行星的研究也越來越盛行，到一八九○年為止已經發現了三百多顆小行星 [3]，而在引進天文攝影（astrophotography）搜索之後，更加速了小行星的發現。

當一顆小行星首次被觀測到時，會先用數字和字母標示發現的年份和月份，待其運行軌道經認定且證明為新發現的小行星之後，該天體即會正式列入小行星的星表中，並賦予發現者命名的權利。

通常呈規律運行軌道的小行星予以女性化的名字，而運行軌道異常或呈不規則的小行星則予以男性化的名字。直至今日已有超過兩千多顆小行星被命名、編號並記錄在冊。[4]

表 13.1 波德定律

天體	波德定律公式	行星與太陽的推定距離 （天文單位）	實際距離 （天文單位）
水星	.4 ＋ 0	.4	.39
金星	.4 ＋ .3	.7	.72
地球	.4 ＋ .6	1.0	1.0
火星	.4 ＋ 1.2	1.6	1.52
小行星	.4 ＋ 2.4	2.8	2.1-3.5
木星	.4 ＋ 4.8	5.2	5.2
土星	.4 ＋ 9.6	10.0	9.5
天文星	.4 ＋ 19.2	19.2	19.8
海王星	.4 ＋ 38.4	38.8	30.1
冥王星	.4 ＋ 76.8	77.2	39.5

小行星的物理性質

大小與形狀

大多數的小行星直徑只有幾英里，但最大的穀神星直徑達 620 英里，智神星的直徑有 350 英里，灶神星的直徑 310 英里，婚神星的直徑 140 英里。這些直徑超過 100 英里的大型小行星，它們自身的重力會使其天體呈平滑的球形，而較小的小行星則呈現不規則狀、鋸齒狀或塊狀，顯現了它們是劇烈碰撞後的碎屑。

成分與亮度

小行星與行星在大小和成分上迥然有別，即便同為小行星，其

結構也不盡相同。透過光譜分析顯示：較大型的小行星是由黝黑的碳化合物組成，只能反射出極微量的光線；較小型的小行星存有鐵含量高的矽酸鹽成分，因此能反射較多的光線。但此通則也有例外：灶神星的表面由火山玄武岩組成，因此有最高的光線反射率（reflectivity）；小行星賽姬的表面則呈現鎳鐵的紅色調。反照率（albedo，反射率的測量單位）的差距則可以從極低的小行星赫克托（Hector）（2.8％）到極亮的灶神星（26.4％），但大部分小行星的反照率都落在 7-18％ 的區間內。

　　小行星的成分與距離太陽的遠近有關，而此種奇特的關聯性直到近代才逐漸為人所知。位於主小行星帶內側近火星軌道的小行星多由矽酸鹽組成，能夠反射較多光線；而分布在主小行星帶外緣，距離太陽超過 3 天文單位的小行星，有八成的比例屬於碳質型。對於這種相關性，有一說是與太陽的距離不同，熔化溫度也會有差異，導致小行星的成分有顯著的層理。⑤

小行星群的軌道模式

　　依據小行星的運行軌道可將其分為三類：主小行星帶（the Main Belt），阿波羅群和愛墨兒群小行星（the Apollo and Amor group）以及特洛伊小行星群（the Trojans）。

　　（1）主小行星帶包含 95％ 的已知小行星，它們的運行軌道略呈橢圓形，周期為二到六年；由於其分布範圍呈不規則狀，所以在

某些區域明顯出現了空缺，即稱為「柯克伍德空隙」（the Kirkwood gaps），這些空隙是由於木星的引力導致定期攝動（perturbation）所形成。

（2）阿波羅群和愛墨兒群小行星有著高度傾斜的大橢圓軌道；愛墨兒群的小行星逸出火星軌道，但尚未進入地球軌道，其中極小的小行星艾洛斯（Eros）（8×9×22 英里）每隔幾年就會趨近地球，成為夜空中最亮的小行星之一。

另一方面，阿波羅群小行星則確實穿過了地球的軌道。一九三二年被發現的小行星阿波羅（Apollo）以太陽神的名字命名，正因為它比過往發現的任何小行星都更挨近太陽。然而在幾年後，直徑長達一英里的小行星伊卡洛斯（Icarus）被發現了，如同傳說中那位飛向太陽的英雄，這顆小行星的運行會深入水星軌道內的某個點。最後，同樣屬於阿波羅群的小行星托羅（Toro），則在金星和地球軌道之間像乒乓球一樣來回擺盪、交錯共振。

（3）特洛伊群的小行星皆以荷馬史詩《伊利亞德》中的特洛伊英雄命名，其組成包含了分別位於木星軌道前方 60 度和後方 60 度之間的兩組小行星群，並協同木星和太陽形成一個等邊三角形，星群中每顆天體的周期和平均距離幾乎都與這顆巨型行星相當。

一九二〇年，小行星伊達爾戈（Hidalgo）的發現打破了特洛伊

小行星群分布範圍的紀錄，其遠日點甚至向外退到了土星的軌道。伊達爾戈的十四年（2×7）周期，象徵性地與土星周期（4×7 年）、凱龍星周期（7×7 年）和天王星周期（12×7 年）相連結。

　　一九二○年，日本天文學家平山清次（Hirayama Seiji）發現了最後一組運行軌道相近的小行星群，並確認其中 25％ 的小行星可以分成十個所謂的「平山家族」，其來源可能是兩顆主要的小行星碰撞後形成的碎片，其中幾個家族分布較為緊密，而另一些較為分散，代表這些碰撞發生在太陽系歷史上的不同時期。

表 13.2　小行星的天文數據

發現編號	名稱	軌道周期（年）	直徑（公里）	亮度（反照率％）	近日點（天文單位）	表面型態	所屬星群
1	穀神星	4.60	955	7.2	2.55	碳質	主小行星帶
2	智神星	4.61	538	10.3	2.11	碳質	主小行星帶
3	婚神星	4.36	226	19	1.99	矽質	主小行星帶
4	灶神星	3.63	503	26.4	2.55	玄武岩	主小行星帶
1566	伊卡洛斯	1.12	1.4	17.8	0.187	矽質	阿波羅群小行星
433	艾洛斯	1.76	7×16×35 km	14.2	1.13	矽質	愛墨兒群小行星
944	伊達爾戈	13.7	—	—	1.98（9.6 遠日點）	—	單一天體
16	賽姬	—	249	—	2.9	鎳鐵質	—

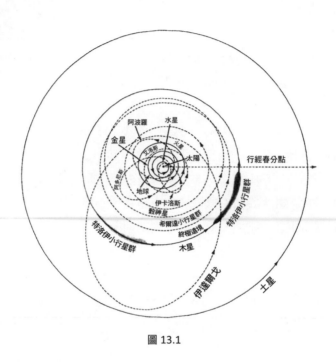

圖 13.1

小行星的起源

　　這十萬顆小行星的起源催生了許多有趣的理論：智神星和灶神星的發現者先驅威廉・歐伯斯，率先提出小行星是古代行星爆炸後的殘餘物；另一派理論則認為小行星是一顆因木星和太陽之間相斥的引力而從未成形的行星的組成物質。後者理論的證據得見於小行星上不同成分的相異層理，並可再分為兩個有明顯差異的星帶，因為如果曾發生過一次巨大的爆炸，那麼這些碎片不會混合地如此均勻。

當前的主流理論是太陽系的形成過程中，有一星雲組成了最初的天體家族，約有十五到五十顆直徑從六十到一百英里的小行星；木星的引力使這些天體相互碰撞，它們的碎片即散佈在整個太陽系中，這些最初的天體核心據信後來形成了含有金屬成分的小行星，而灶神星是唯一保持完整的天體。

最近，「曾有一顆與土星同樣大小的巨型天體毀滅了」的「爆炸行星理論」（the exploding-planet theory）又盛行了起來；這個理論的說法是，大多數的天體碎片都會在撞上木星或其他行星時被摧毀，唯有位於火星和木星之間的碎片能夠保持完整，進而形成如今的小行星帶。

此一理論也試圖以爆炸能量可能將一些天體碎片擲向幾兆英里外太空的假設來解釋彗星的起源，且最終太陽的引力會再將它們拉回太陽系，從而形成了為這些神祕信使所開拓的廣闊運行軌道。透過運用萬有引力的定律，已發現所有的彗星似乎都起源於四百萬年前介於火星和木星之間的一個共同點。⑥

與地球的碰撞

每年約五百顆落入地球表面的隕石，其主要來源是小行星群，因與地球大氣層摩擦生熱而形成明亮的火球，其殘骸成了分析小行星的一種資訊來源。

一塊重達數千噸的巨型碎片會釋放出相當於大型氫彈的能量，目前，有一派理論主張一顆同等量級的小行星在恐龍時代末期曾與地球相撞，這種撞擊力道會把數千兆的碎石塵塊釋放到平流層中，形成一層阻擋太陽光達數年之久的面紗，進而導致災難性的後果，包括陸地和海洋植物的死亡、食物鏈的破碎以及隨後各種生命形式的滅絕。[7]

綜上所述，關於小行星的大哉問——「這些微小的天體是什麼？」、「它們從哪裡來？」仍然是一個重大的天文謎團，而揭開這些問題的答案，必能使我們更加深入瞭解太陽系的起源

---

[1] 譯者註：「波德定律」也被稱為「提丟斯─波德定律」（Titius-Bode law）。提丟斯研究太陽系各大行星與太陽的平均距離（以天文單位 AU 為單位）而得到一串數列，後來約翰‧波德將此歸納為一個經驗公式並發現在數列 2.8 的位置有一個空缺，故而推論應該存在一顆尚未被發現的行星。
[2] 譯者註：高斯以最小二乘法為基礎所創立的測量平差理論。
[3] 譯者註：參照美國國家航空暨太空總署 NASA 截至二〇二〇年十月的數據為 1,013,974 顆小行星。
[4] 譯者註：參照小行星中心（MPC，Minor Planet Center）截至二〇二〇年六月十四日之數據，共計 22,129 顆。
[5] Dr. David Morrison, "Asteroids," Astronomy, vol. 4, no. 6 (June 1976), 15.
[6] Thomas Van Flandern, "Exploding Planets," Science Digest (April 1982).
[7] Richard A. Kerr, "Asteroid Theory of Extinctions Strengthened," Science, vol. 210, no. 4469 (October 31, 1980).

第十四章

結語

★

　　小行星，也稱為「微型行星」，但這並不代表它們表現的效應
會略遜一籌。小行星主要分布於火星和木星的軌道之間，扮演了個
人行星和集體行星之間八度音程轉化的媒介——一種從低八度行星
的振幅（人格中某些自我的層次）提升到相對應高八度振幅的方法
——使個人得以回應較高頻率的宇宙力量。

　　小行星的發現，與意識演化進程中新意識中心的覺醒，幾乎是
同時發生的。最早被觀測到，並以古代偉大女神命名的四顆小行星
（♀♀⚷✳），代表著集體心靈中，陰性能量的復甦與強化，隨著在
物理世界的能量場裡，其陰極振頻的增強，也代表了女性和男性的角
色以及功能相關的新議題，正逐步影響著所有男女和整個社會。

　　以歷史的角度來看，陰性的潛意識形象，某程度受到文化制約
的打壓和扭曲，使得這些被壓抑的能量，以扭曲的形式展現出破壞性
與自我毀滅，也使得男性和女性在經驗自身的陰性本質，以及對他人
展現其陰性本質時，引起許多的誤解而痛苦不已。隨著這些意識中心
被啟動，它們有毒的物質也猛然進入了個人的心靈意識，造成了生活
上的失序混亂。如今，轉化過程正加速淨化這些窒礙，從而讓再生與
淨化後的內部形象，能以健全並和諧的方式表達出來。

　　傳統上，冥王星被視為是轉化歷程的指標，而在隱微的層次，

月相的陰晴圓缺暗示此一轉化歷程中的陰性面向；此時，四女神星的加入——穀神星、智神星、婚神星、灶神星——已擴展了蛻變之中，陰性面向的視界和力量，而陽性和陰性小行星（包含較小的小行星）都代表著現在就能加以善用，為個人帶來轉變、再生和進化的契機與方法。

在人類意識的演變中，小行星的意涵有著各種層面的表達方式：在生理層面，小行星呼應了新的腦細胞和神經中樞的甦活，從而帶來生長過程中的大躍進；在心理層面，小行星體現了曾經潛伏或沉睡（對許多人而言是壓抑和扭曲的）的人格面向，即神話中女神們各自的原型角色所象徵並主掌的心理功能；最後，在靈魂層面，小行星與轉化個人的催化力有關，促使人們感知到所有的生命形式，其本質上的相互依存與共為一體。

所有小行星象徵的議題，都為個人和整體意識提供了轉化的途徑。當男性和女性得以破除並淨化過去支配男女互動的舊有形象和態度時，他們便可以重新平衡、並整合相互矛盾的二元分化，此種二元性的錯覺在客體／主體、我／你、男性／女性、我們／他們之間，所產生的一種人為的隔閡，而回應小行星蘊含的各種可能象徵意義，可以使個人對一切有感知的生命體，獲得更全面及整體的認識。

採納這些新的想法，在你自己或客戶的星盤中置入這些小行星並加以應用，由此過程，你將意識到——小行星和所有占星原型一

樣，有著不同層次的體現。因此，本書中的描述，僅是因應個人生活中會遇見的諸多狀況所給予的些許建議，即便如此，透過將小行星的關鍵字與星座、宮位和相位的基本觀念結合，你將能夠微調並加深自己對占星的理解與詮釋。

　　在你使用小行星的過程中，無疑會出現新的見解和疑問，如果你願意與我們分享，請將你的評論分享給我，希望藉由與你及全國各地對此主題有興趣的占星家們對話，讓我們得以適時地、更進一步地瞭解這些光明女神們所帶給我們的教導。

國家圖書館出版品預行編目資料

四女神星：神話、心理與占星學中陰性能量的重現——穀神星、灶神星、
婚神星與智神星/迪米特拉·喬治（Demetra George），道格拉斯·布洛赫
（Douglas Bloch）著；趙珮君，呂卿譯. -- 初版. -- 臺北市：商周出版：英屬
蓋曼群島商家庭傳媒股份有限公司城邦分公司發行，民110.04
384面；14.8×21公分
譯自：Asteroid goddesses : the mythology, psychology and astrology of the re-
emerging feminine.
ISBN　978-986-5482-73-2（平裝）

1.占星術 2.神話

292.22　　　　　　　　　　　　　　　　　　　　　　　　110004397

BF6038

四女神星：神話、心理與占星學中陰性能量的重現
——穀神星、灶神星、婚神星與智神星
Asteroid Goddesses：The Mythology, Psychology and Astrology of the Re-emerging Feminine

作　　　　者/迪米特拉·喬治（Demetra George）& 道格拉斯·布洛赫（Douglas Bloch）
譯　　　　者/趙珮君、呂卿
責 任 編 輯/韋孟岑
協 力 編 輯/賴淑菁
版　　　　權/黃淑敏、吳亭儀、邱珮芸
行 銷 業 務/黃崇華、張媖茜、賴晏汝

總 　編 　輯/何宜珍
總 　經 　理/彭之琬
事業群總經理/黃淑貞
發 　行 　人/何飛鵬
法 律 顧 問/元禾法律事務所　王子文律師
出　　　　版/商周出版
　　　　　　臺北市中山區民生東路二段141號9樓
　　　　　　電話：(02) 2500-7008　傳真：(02) 2500-7759
　　　　　　E-mail：bwp.service@cite.com.tw
　　　　　　Blog：http://bwp25007008.pixnet.net/blog
發　　　　行/英屬蓋曼群島商家庭傳媒股份有限公司城邦分公司
　　　　　　臺北市中山區民生東路二段141號2樓
　　　　　　書虫客服務專線：(02)2500-7718 · (02)2500-7719
　　　　　　24小時傳真服務：(02)2500-1990 · (02)2500-1991
　　　　　　服務時間：週一至週五09:30-12:00 · 13:30-17:00
　　　　　　郵撥帳號：19863813　　戶名：書虫股份有限公司
　　　　　　讀者服務信箱E-mail：service@readingclub.com.tw
　　　　　　歡迎光臨城邦讀書花園　　網址：www.cite.com.tw
香港發行所/城邦（香港）出版集團有限公司
　　　　　　香港灣仔駱克道193號東超商業中心1樓
　　　　　　Email：hkcite@biznetvigator.com
　　　　　　電話：(852)2508-6231　　傳真：(852)2578-9337
馬新發行所/城邦(馬新)出版集團【Cité (M) Sdn. Bhd】
　　　　　　41, Jalan Radin Anum, Bandar Baru Sri Petaling,
　　　　　　57000 Kuala Lumpur, Malaysia
　　　　　　電話：(603)90578822　　傳真：(603)90576622
　　　　　　Email：cite@cite.com.my

封 面 設 計/liaowei
內 頁 排 版/唯翔工作室
印　　　　刷/卡樂彩色製版有限公司
經 　銷 　商/聯合發行股份有限公司　　客服專線：0800-055-365
　　　　　　電話：(02)2917-8022　　傳真：(02)2911-0053

■ 2021年（民110）04月13日初版
■ 2024年（民113）01月19日初版2刷　　　　　　　　　　　　Printed in Taiwan
定價/560元

版權所有·翻印必究
ISBN：978-986-5482-73-2（平裝）

城邦讀書花園
www.cite.com.tw

商周出版

廣　告　回　函
北區郵政管理登記證
北臺字第10158號
郵資已付，免貼郵票

10480　台北市民生東路二段141號9樓

英屬蓋曼群島商家庭傳媒股份有限公司城邦分公司　收

- -

請沿虛線對摺，謝謝！

商周出版

書號：BF6038　書名：四女神星：神話、心理與占星學中陰性能量的重現—穀神星、灶神星、婚神星與智神星

 商周出版

讀者回函卡

感謝您購買我們出版的書籍！請費心填寫此回函卡，我們將不定期寄上城邦集團最新的出版訊息。

不定期好禮相贈！
立即加入：商周出版
Facebook 粉絲團

姓名：_____ 性別：□男　□女

生日：西元_____年_____月_____日

地址：_____

聯絡電話：_____ 傳真：_____

E-mail：

學歷：□ 1. 小學 □ 2. 國中 □ 3. 高中 □ 4. 大學 □ 5. 研究所以上

職業：□ 1. 學生 □ 2. 軍公教 □ 3. 服務 □ 4. 金融 □ 5. 製造 □ 6. 資訊

　　　□ 7. 傳播 □ 8. 自由業 □ 9. 農漁牧 □ 10. 家管 □ 11. 退休

　　　□ 12. 其他_____

您從何種方式得知本書消息？

　　　□ 1. 書店 □ 2. 網路 □ 3. 報紙 □ 4. 雜誌 □ 5. 廣播 □ 6. 電視

　　　□ 7. 親友推薦 □ 8. 其他_____

您通常以何種方式購書？

　　　□ 1. 書店 □ 2. 網路 □ 3. 傳真訂購 □ 4. 郵局劃撥 □ 5. 其他_____

您喜歡閱讀那些類別的書籍？

　　　□ 1. 財經商業 □ 2. 自然科學 □ 3. 歷史 □ 4. 法律 □ 5. 文學

　　　□ 6. 休閒旅遊 □ 7. 小說 □ 8. 人物傳記 □ 9. 生活、勵志 □ 10. 其他

對我們的建議：_____

_____

_____

FUTURE

FUTURE

FUTURE

FUTURE